中学和平教育

主　编　刘　成

副主编　陈　红

　　　　金　波

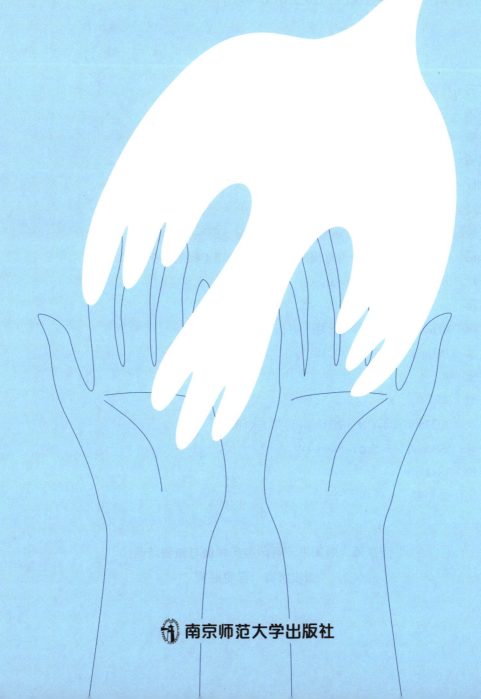

南京师范大学出版社

图书在版编目（CIP）数据

中学和平教育 / 刘成主编 ; 陈红, 金波副主编. --
南京 : 南京师范大学出版社, 2023.6
ISBN 978-7-5651-5498-0

Ⅰ.①中… Ⅱ.①刘… ②陈… ③金… Ⅲ.①和平学
—教学研究—中学 Ⅳ.①G633.202

中国版本图书馆CIP数据核字(2022)第209692号

书　　名	中学和平教育
主　　编	刘　成
副 主 编	陈　红　金　波
责任编辑	郑海燕　王雅琼　刘双双
装帧设计	千万次设计工作室
出版发行	南京师范大学出版社
地　　址	江苏省南京市玄武区后宰门西村 9 号（邮编：210016）
电　　话	（025）83598919（总编办）　83598412（营销部）
网　　址	http://press.njnu.edu.cn
电子信箱	nspzbb@njnu.edu.cn
印　　刷	南京爱德印刷有限公司
开　　本	787mm×1092mm　1/16
印　　张	7
字　　数	94千
版　　次	2023年6月第1版　2023年6月第1次印刷
书　　号	ISBN 978-7-5651-5498-0
定　　价	38.00元
出版人	张　鹏

序

　　和平像阳光一样温暖，和平像雨露一样滋润，和平是全世界人民的共同愿望。然而，和平大树是藏在和平种子里的，和平需要滋养和培育，然后才能成为现实。党的二十大报告提出"弘扬和平、发展、公平、正义、民主、自由的全人类共同价值"。中国是世界和平的坚决倡导者和有力捍卫者，亟需弘扬与传播具有中国特色和话语权的和平教育读本。和平教育的希望是，孩子们在成长过程中尊重和平并了解如何实践和平。和平教育的目标是，为一个和平社会培养"和平的人"。

　　和平教育旨在改变儿童的文化倾向，更倾向于和谐共处。全人类具有平等的价值，尽管我们可能在文化、信仰和习俗上有所差异。如果我们成为自己观点甚至偏见的俘虏，就看不到别人能看到而我们也应该看到的真理。在当今社会，跨文化和国际理解是和平教育的重要特点。文化不是永恒和不变的，而是我们根据自己的选择继承、质疑和适应的一系列信仰和实践。文化和身份能够与他人分享，并通过分享的过程而不断丰富和发展。和平教育秉持人类命运共同体的理念，认识人类彼此联系的重要性。和平教育让我们面对历史和我们自己，通过他人的眼睛看世界和自己，为持久和平做出贡献。

　　战争源于人之思想，故需要积极弘扬与传播中国的和平文化与理念，进一步提升和平教育水平，通过和平教育的相关读物为青少年的思想树立起保卫和平之屏障。和平教育首先是"关于和平"的教育。没有战争的和平关注防

1

止战争爆发的方方面面，比如消除核武器、大规模杀伤性武器，减少军队数量等。这类和平可称之为"消极和平"，更关注现在和短期内的安全问题。而积极和平超越了"没有战争"这一内涵，它包括健康的生活、人权的维护、种族平等、性别赋权、生态保护等关键主题，意味着创建一个美好安全的空间，可以是家庭、社区、学校、工作单位、国家、国际社会，人们可以在其中体面地生存和富足地生活，打开而不是抑制人类的不同倾向和才能。积极和平的概念建立在对广泛社会条件的理解之上，公正与平等是和平的根本因素，主张消除建立在阶级、伦理、部落、年龄、宗教、种族和性别等基础上的各种形式的歧视，它关注未来的、持久的、全面的和平。

本书基于我们二十多年的中国和平教育工作实践编写而成，遴选新时代青少年亟须了解的和平文化与形态、全球发展与环境问题、跨文化理解与交流、冲突化解与非暴力沟通、情绪管理与创伤修复等主题，构建了丰富多彩和形式多样的内容，兼具国内创新研究和国际前沿视角，科学诠释了和平的丰富内涵，有助于推动中小学课程中道德与法治、历史、语文、地理、英语、生物、美术等多学科的交融发展，提升青少年的综合素养和国际视野，推进构建和谐社会，彰显中国和平形象，从而为构建人类命运共同体、促进全球和平与发展贡献应有之力。

刘 成

（联合国教科文组织和平学教席主持人，南京大学和平学研究所所长）

目录

1

第一章

理解和平

和平是什么？和平只是没有战争吗？让我们重新审视这个熟悉的概念，感悟和平文化的魅力，探索和平精神背后的思想和价值。通过剖析暴力，我们将认识到和平面临的挑战与威胁，明白非暴力是实现和平的有效途径。

第一节　和平文化

和平是全人类的共同理想。如何实现和平？千百年来，思想家们给出了不同答案，点亮了人类和平思想史的璀璨星空。这些思想的光辉跨越时空，至今仍发人深思，促人探寻和平发展之路。中华民族是热爱和平的民族，中国文化是崇尚和平的文化。和平是中国传统文化的核心价值观之一，也是中华民族共同的理想与追求。

中国传统和平思想

你知道吗？中国的和平文化源远流长。早在先秦时期，诸子百家就提出了丰富的和平思想。

儒家

儒家有着深厚的和平文化传统，提倡"和"、"仁"思想，尚和平、重仁爱，代表人物是孔子和孟子。孔子是儒家学派的创始人，主张"和而不同"。《论语》有云："礼之用，和为贵。""己所不欲，勿施于人。"孟子提倡"仁者爱人"，"老吾老，以及人之老；幼吾幼，以及人之幼"。作为中国古代的主流思想，儒家文化中以和为贵、仁爱友善、求同存异等思想精华，在中华民族的发展过程中发挥了重要作用。

道家

道家的核心思想是"道"。"道"是万物之源，是事物发展的规律。道家学派的创始人是老子，主张大道无为、道法自然，人应该顺从事物的发展规律去生活。《道德经》有云："万物负阴而抱阳，冲气以为和。"道家认为，和谐是自然力量的平衡，天地万物是一个有机整体，由阴阳二气和合而成，对立统一。只有阴阳二气平衡，万物才能和合共生，社会才能和谐发展，人民才能安居乐业。

墨家

墨家的核心思想是"兼爱"、"非攻"，体现了和平理念。墨家学派的创始人是墨子，传世的唯一经典是《墨子》。"兼爱"是指无差别的爱，主张人与人之间互爱互利，"天下之人皆相爱，强不执弱，众不劫寡，富不侮贫，贵不傲贱"。墨子认为"天下兼相爱则治，交相恶则乱"，"兼爱"是社会和谐的根本。"非攻"是指反对攻伐无罪之国，反对残害生命。墨家向往和平，希望"饥者得食，寒者得衣，劳者得息，乱者得治"，建立一个公正、无私、没有掠夺、没有战争的理想社会。

兵家

兵家思想中也蕴含着和平元素。兵家的创始人是孙武，代表作《孙子兵法》被誉为"史上第一兵书"，"不得已而用兵"是贯穿全书的思想，主张战争是迫不得已的行为，和平才是目的，"不战而屈人之兵"才值得称道。"上兵伐谋，其次伐交，其次伐兵，其下攻城"，认为用兵上策是以谋略战胜敌人，其次是通过外交手段孤立敌人，再次是使用军事力量征服敌人，最下策才是进攻敌人的城池。

探究与分享

查找资料，并谈一谈：中国传统文化中还有哪些与和平有关的思想？在班级分享与交流。

中国传统和平思想是中华民族在历史长河中的智慧结晶，体现了中华儿女对和平的热爱与追求。

 哇，原来中国的和平文化这么博大精深！

你知道当代中国有哪些和平思想吗？

中国当代和平思想

> 中华民族热爱和平，中国人民深知和平之可贵，中国坚定不移走和平发展道路，永远是世界和平的建设者、全球发展的贡献者、国际秩序的维护者。
>
> ——习近平

中华文明具有突出的和平性。中国当代和平思想，传承与发扬了中华民族热爱和平的文化传统，经过长期实践检验，具有中国特色和时代特征。从"和平与发展"时代主题的提出，到致力于推动构建人类命运共同体，彰显了中国坚持走和平发展道路的决心，为维护世界和平、促进共同发展贡献了中国力量。

时代主题

和平与发展是当今时代的主题，也是人类永恒的追求。

当今世界正面临百年未有之大变局，面对纷繁复杂的国际形势，中国坚持走和平发展道路，坚持在和平共处五项原则基础上同各国友好合作，坚定奉行独立自主的和平外交政策，始终根据事情本身的是非曲直决定自己的立场和政策，维护国际关系基本准则，维护国际公平正义。

中国坚持科学发展，坚持对外开放的基本国策，提出创新、协调、绿色、开放、共享的发展理念，谋求开放创新、包容互惠的发展前景，援助发展中国家尤其是最不发达国家，用实际行动缩小南北发展差距。

人类命运共同体

构建人类命运共同体是人类社会的共同价值追求，需要各国人民齐心协力，共同建设持久和平、普遍安全、共同繁荣、开放包容、清洁美丽的世界，呼吁人类作为一个整体而和谐共存。国际社会正成为一个你中有我、我中有你的命运共同体，面对世界发展的新形势、新问题和新挑战，任何国家在全球化时代都无法独善其身。"各美其美，美人之美，美美与共，天下大同。"只有寻求人类的共同利益、弘扬共同价值、促进共同发展，世界才能和平与繁荣，人类才能健康与幸福，和平的阳光才能普照大地。

中国力量

中国以脚踏实地的努力，为维护世界和平与全球发展贡献了重要力量。作为联合国安理会常任理事国，中国始终坚持和平与正义，维护《联合国宪章》的宗旨与原则；作为世界上最大的发展中国家，中国在消除贫困方面成就瞩目，农村贫困人口全部脱贫，推动了全球减贫事业；中国积极参与联合国维和行动，是安理会常任理事国中派遣维和人员数量最多的国家，也是联合国维和摊款第二大出资国；面对全球新冠肺炎疫情，中国全力推动国际抗疫合作，通过医疗援助等方式促进国际互助，彰显人类命运共同体理念；为缩小南北差距，促进南南合作，中国通过对外援建基础设施等方式，积极参与全球发展合作，体现了中华民族的仁爱精神与和平理念。

中国海外援建的第一条铁路

坦赞铁路是贯通东南部非洲的交通动脉，东起坦桑尼亚的达累斯萨拉姆，西迄赞比亚中部的卡皮里姆波希，由中国、坦桑尼亚和赞比亚三国于1970—1976年合作建设，全长1860.5千米。面对铁路沿线的复杂地形，要穿越高山、峡谷、急流、森林等，中国先后派出工程技术人员5万多人次。这是中国在海外援建的第一条铁路，是中非友谊的历史丰碑，体现了中国人兼济天下的情怀与促进全球发展的责任意识。

坦赞铁路的起点——达累斯萨拉姆火车站

 说一说

通过本节的学习，说一说：你对和平文化有什么新的认识？你觉得在日常生活中，哪些行动体现了和平文化？世界需要怎样的和平文化？

第二节　暴力形态

什么是暴力？

下列四幅图中，哪些属于"暴力"现象？请在图片下方的圆圈中画"√"。

战争 ○

辱骂 ○

歧视 ○

贫困 ○

和平的世界需要消除各种形式的暴力。

💡 **想一想**

暴力是什么？＿＿＿＿＿＿＿＿＿＿＿＿＿＿＿＿＿＿＿＿

暴力有哪些类型？＿＿＿＿＿＿＿＿＿＿＿＿＿＿＿＿＿＿

暴力是伤害人身心的强制力量，主要有以下**三种类型**：直接暴力、结构暴力和文化暴力。

直接暴力

　　直接暴力是指对人的身心造成伤害和痛苦的行为。战争、杀戮、破坏、殴打、辱骂等行为是直接暴力的表现形式。小到个人层面的肢体冲突和语言攻击，大到国家层面的武装冲突，都属于直接暴力。

　　直接暴力是显性的，意味着一方对另一方的攻击性、侵犯性行为，通常伴随着伤害的发生。

1937年日军轰炸后的上海南站

 知识窗

毕加索笔下的暴力

　　《格尔尼卡》是西班牙画家毕加索于20世纪30年代创作的一幅巨型油画，描绘了1937年纳粹德军轰炸西班牙小城格尔尼卡的情景。战争是直接暴力最极端的表现形式。画中，连动物也无法逃脱战争中的野蛮袭击。中间倒下的战士手握**一朵绽放的鲜花**，象征着生命的顽强不息，寓意着希望与未来。

结构暴力

结构暴力通常由政治、经济、社会体制造成的权力与资源分配不均导致，是一种不易被察觉、不明显却广泛存在的暴力形式，没有直接的施暴者，暴力隐含在制度结构中，因此也被称为制度暴力。制度与体制方面的不公平或不合理，往往会造成极度贫困，有病不能治，以及压迫和歧视等现象。

一直以来，我们更关注直接暴力。与直接暴力相比，**结构暴力是一种无形的、间接的、隐性的暴力**，容易被忽视。结构暴力长期存在，起初可能处于稳定状态，随着社会不公现象的加剧，容易引发直接暴力。

《人不如狗》，选自张乐平《三毛流浪记》

结构暴力通常表现为人的重要权利被否认，比如，人在经济上的满足，社会、政治和性别平等。当人们食不果腹，甚至因贫穷而死亡的时候，一种暴力就发生了。同样，当人们遭受能够预防的疾病带来的痛苦，被剥夺应有的教育、住房、工作和改善家庭生活条件的机会时，一种暴力也发生了（即便没有炸弹和枪炮的袭击）。

 阅读链接 ·····················

希望工程

减少结构暴力的重要途径是消除贫困，而消除贫困的根本之举是教育。1989年，共青团中央和中国青少年发展基金会发起了一项公益事业——"希望工程"，旨在建设希望小学，资助贫困地区失学儿童重返校园，改善农村办学条件。这是推进教育公平和社会公正的有力措施，也是缩小城乡差距和实现乡村振兴的有效方式。习近平总书记说："希望工程在助力脱贫攻坚、促进教育发展、服务青少年成长、引领社会风尚等方面发挥了重要作用。"

想一想：教育对消除贫困有什么作用？

 说一说 ·····················

日常生活中，你曾经遇到过哪些结构暴力？你是如何对待它们的？与同学们分享一下你的经历吧！

文化暴力

文化暴力是指通过一些文化载体，如语言、艺术、意识形态等，使直接暴力和结构暴力合理化。

在欧洲殖民主义盛行时期，殖民者普遍认为黑人尚未开化，智力水平低于白人，这种想法为压迫黑人和黑奴贸易提供了观念支撑。中国封建社会存在男尊女卑的观念，对女性的言行举止有所限制，使女性在家庭中处于弱势地位，容易遭受家庭暴力。

黑奴贸易

文化暴力被认为是其他暴力形式的源泉，它肯定直接暴力和结构暴力的合理性。文化暴力存在于宗教、法律、意识形态、语言、艺术、经验性科学、宇宙论中，并通过学校和媒体进行传递。

虽然我们无法消除所有的暴力，但可以从反思自身的文化观念开始，反对偏见、歧视等现象，尽量减少暴力带来的负面影响。

 探究与分享

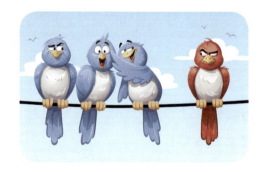

请根据左图编一则小故事，发挥想象力，设计文化暴力的产生与消除情境，与大家分享与交流一下吧！

将暴力的三种类型填入下图空白处，并说一说你对三者相互关系的理解。

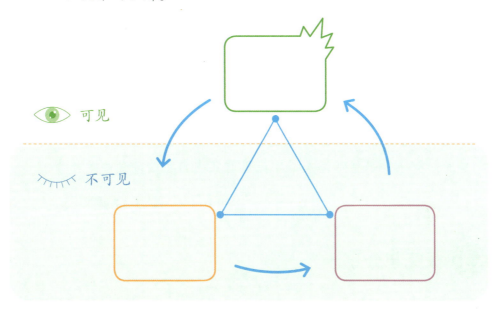

暴力三角图

 课堂讨论

反思校园暴力

运用本节所学知识，分析以下案例中包含的暴力类型。

案例1　小红体型胖，小刚总是嘲笑小红的身材，给小红起外号。

案例2　学校按照考试成绩排名安排座位，成绩好的同学坐在前排，成绩差的同学坐在后排。

案例3　小美来自一个偏远的小山村，班里的同学认为她"没见识"，都不愿和她交朋友。

第三节　认识和平

你怎么理解和平？
和平就是没有战争吗？

　　自古以来，和平就是人类最持久的夙愿。和平像阳光一样温暖、像雨露一样滋润。有了阳光雨露，万物才能茁壮成长。有了和平稳定，人类才能更好实现自己的梦想。

　　　　　　　　　　　　　　　　　　——习近平

 探究与分享

　　　　查找资料，了解"和平"一词用世界上其他语言怎么写？

 动动手

　　提到"和平"，你会想到哪些词汇或短语？在下面的小黑板上写一写吧！

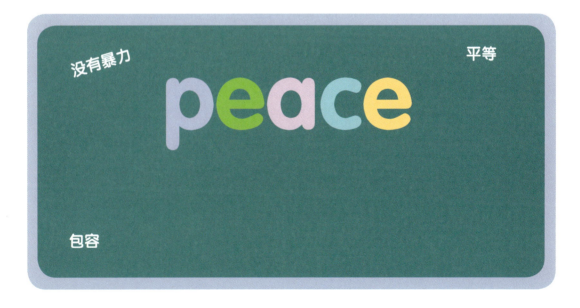

消极和平

消极和平是指消除了战争与暴力冲突，不存在直接暴力的状态，如未发生军事战争、身体暴力或语言暴力等。

如何实现消极和平？国际社会一般通过外交和谈判来避免与缓解军事冲突。如一战后的巴黎和会，二战时的雅尔塔会议，都试图通过谈判来结束战争，建立战后世界秩序。

消极和平是一种暂时性和平，更关注现在和短期内的安全问题，但冲突的根源并未消失，暴力冲突甚至战争可能再次发生。

> ### 消极和平
>
> 通过谈判和调解来解决争端，主张依靠国际协议和组织（如联合国），来保证集体安全。

 知识窗

 左图是世界公认的核裁军运动的标志，是和平与和平运动的象征。

人类如果还要生存，就需要一种全新的思维方式。人类必须彻底改变对彼此的态度和对未来的看法。武力不能再成为政治工具。今天，我们的时间不多了；我们这一代人要成功地进行不同的思考，如果我们失败了，人类文明的日子就屈指可数。

——爱因斯坦

左图中的雕塑名为"铸剑为犁"，位于纽约联合国总部的花园中。查一查资料，谈一谈你对这座雕塑的理解。

积极和平

积极和平是一种过程，是一种关注未来的、持久的、全面的与真正的和平。和平，不仅意味着没有战争，更意味着消除各种形式的暴力，如消除贫困、歧视、不公等。

> **积极和平**
>
> 意味着创建一个更加公正、平等、包容的社会环境，让每个人都能健康体面地生活并发挥潜能。

积极和平包括以下四种类型：

直接的积极和平，强调言行方面的仁爱，关心所有人的基本需求和精神追求。

结构的积极和平，通过对话、整合与团结的方式，以自由取代压制，以平等取代剥削。只有消除不平等的社会结构，即消除结构暴力，才有可能实现和平。

文化的积极和平，以和平文化取代暴力文化，发掘人的潜能，消除阶级、年龄、种族和性别等差异引发的各种歧视。

自然的积极和平，旨在实现人与自然的和合共生，停止对自然资源的过度开发，守护绿水青山，推动地球万物的可持续发展。

建设积极和平，需要每个人践行和平理念，人人热爱和平，关心彼此，与人为善，求同存异，共同营造和平文化氛围。

建设积极和平是一项长期、复杂的系统工程。让我们从身边的小事做起，与家人共同营造和谐的家庭氛围；积极参与班级事务，尊敬师长、友爱同学、乐于助人，树立积极向上的班风；节约能源，做好垃圾分类……这些都是在建设积极和平。

> 想要世界变成什么，你先要变成什么。这才是你能带来的改变。
>
> ——甘地

💡 想一想

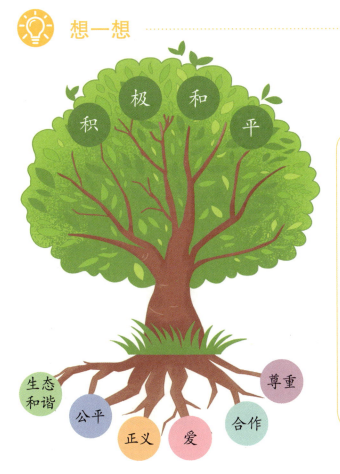

结合左图，想一想：积极和平还需要哪些价值观的滋养？请在下框中写一写。

积极和平的中国智慧

无论是全面建成小康社会，还是坚定不移走中国人权发展道路，都体现了积极和平的理念，为世界和平与发展贡献了中国智慧。

全面建成小康社会

2021年7月1日，中国向世界宣布全面建成小康社会，物质文明、政治文明、精神文明、社会文明、生态文明协调发展。经济和科技实力稳步提升，基础设施网络不断完善；充分发挥制度优势，有效保障人民民主，社会公平正义不断彰显；人民的精神生活日益丰富，生活水平显著提高。中国的全面小康是全体人民共同享有发展成果的小康，体现了实现人的全面发展和实现全体人民发展的有机统一，体现了实现共同富裕的社会主义本质要求，为维护世界和平、促进共同发展注入了正能量。

 知识窗

全面建成小康社会的世界意义

中国全面建成小康社会是对世界和平与发展的巨大贡献。按照世界银行的标准，中国减贫人口占同期全球减贫人口的70%以上，显著缩小了世界贫困人口版图。在全面建成小康社会的征途中，中国不断扩大对外开放，为世界经济繁荣发展带来了市场和机遇，是拉动全球贸易和经济复苏的重要引擎。中国走出了一条中国式现代化新道路，创造了人类文明的新形态。

中国的人权发展

呵护生命、捍卫尊严，实现人人享有人权，是人类社会的理想追求，也是积极和平建设的内在要求。中国坚持以生存权、发展权为首要的基本人权，坚持人民幸福生活是最大的人权，顺应时代潮流，着力解决发展不平衡不充分问题，不断满足人民日益增长的权利需求。

 动动手

在了解两种和平状态后，请你把第14页小黑板中写下的词汇或短语分类，并填入下图；你也可以回忆本节内容，补充一些词汇或短语。

消极和平

积极和平

第四节 非暴力

非暴力就是不使用暴力吗？

什么是非暴力？

非暴力是实现和平的重要手段，拒绝使用各种暴力来实现社会或政治变革，主张通过爱和忍受苦难来感化对手，采取合法的斗争手段，**反对的是不合理的制度**，而不是具体的人。

在实现和平的过程中，**非暴力既是目的又是手段**。要想社会和平，就需要在社会生活中践行非暴力思想，通过非暴力手段去实现。

如果你想得到玫瑰，你就不能播下杂草种子。而且，树藏在种子中。

——甘地

这座位于联合国总部入口处的青铜雕塑，名为"非暴力"，又称"打结的枪"，是和平与非暴力的象征。

查一查有关资料，谈一谈你对这座雕塑的理解。

"非暴力"一词经常与和平相联，或者被用作它的同义词。请你谈一谈对下列这段话的看法。

在人类历史上，解决暴力问题通常有以下两种方式：一种是采取正义暴力或正义战争的方式，另一种是站在正义一方进行干涉。但是，这两种方式本身就与暴力相联。

第三种力量

非暴力活动是特殊性与一般性的统一，既包括特殊情境下的非暴力活动，也包括一般生活中的关系建立与关系结构中的非暴力活动，是和平文化的重要组成部分。非暴力是解决问题的"第三种力量"，能避免暴力冲突并建立积极和平。它存在于社会生活的各个领域，表现形式多种多样。

逃避

暴力

非暴力

 阅读链接 ···

为世界儿童建设和平与非暴力文化国际十年

（2001—2010）

2001年，联合国开创性地启动了"为世界儿童建设和平与非暴力文化国际十年（2001—2010）"计划。联合国认为，世界各地不同形式的暴力会给儿童带来伤害和痛苦，而和平与非暴力文化旨在促进尊重每个人的生命和尊严；教育在建设和平与非暴力文化中发挥着重要作用，能促使儿童学会在和平文化中健康成长，有助于加强国际和平与合作，从而促进《联合国宪章》宗旨和原则的实现。

 知识窗

非暴力思想

甘地的非暴力思想

　　甘地是非暴力思想的主要倡导者与实践者，是印度民族解放运动的领导人，被尊称为"圣雄"。

　　甘地的非暴力抵抗既是一种生活哲学，也是获得政治和社会变革的方式。他提倡有原则的非暴力，重视爱的力量，认为忍受痛苦是改变自己和他人的手段，应该通过展示爱而不是仇恨来改变对手的内心和思想，与对手合作并寻求各方获胜的解决方案。

　　甘地的非暴力思想与活动具有革命性意义，对和平研究产生了深远影响。

甘地

马丁·路德·金的非暴力思想

马丁·路德·金是美国黑人民权运动的领袖，也是将非暴力抵抗作为社会变革方式的杰出倡导者与实践者。

他的非暴力思想主要表现为：非暴力抵抗者在某种意义上是被动的，即对对手无身体攻击，但思想是积极的，不断地试图说服对手；不是寻求击败或羞辱对手，而是赢得对手的友谊和理解；要打败的是罪恶本身，而非为恶之人；愿意接受痛苦与对手的打击而不反击；避免外在的身体暴力和内在的精神暴力。

马丁·路德·金

 阅读链接 ·······································

一堂"非暴力"课

15岁时，甘地偷了哥哥的黄金。他为此良心不安，决定向父亲坦白。但他不敢开口，不是害怕被揍，而是担心会给父亲带去痛苦。于是，他写了一份忏悔书，承认了错误，并要求受罚。甘地将忏悔书递给了卧病在床的父亲。父亲从头至尾地读了一遍，泪水滴湿了忏悔书。甘地原以为父亲会生气地责罚他，但没想到，父亲却沉默不语。感受到父亲的内心痛苦后，他深受触动，体会到了爱的力量。

后来，甘地认为这是一堂典型的"非暴力"课，是他的忏悔与坦白增加了父亲对他的爱。他在自传中写道："那时，我只能从中读出父爱，但今天我知道那是纯粹的非暴力之爱。当这样的非暴力之爱极具包容时，就会改变它所触及的一切。它的力量是无穷的。"

非暴力比战争更有力量。人们有时会低估非暴力的作用，片面地将其理解为消极抵抗，而忽视其所蕴含的积极力量。非暴力不仅仅意味着没有暴力，它更加积极，更有意义，需要良好的意愿、理性的思考、自我调节等，有助于化解冲突，实现和平。

直接非暴力

抗议和劝说

不合作

非暴力干预

文化非暴力

和平文化

爱

正义

平等

幸福

共情

非暴力方块

结构非暴力

正义

平等的机会

满足所有社区的
基本需求

和平系统、和平社会

国民幸福总值

生态非暴力

可持续

生态文明

有效利用资源

非暴力方块图

一个巨人，时常会走到山下的村庄。他的大脚踩踏之处，一片狼藉，令村民苦不堪言，但他自己却浑然不知。有一天，一个矮小的村民决定制止他的破坏行为。于是，这个村民来到巨人面前，冲他大喊。巨人听到喊叫声，便弯下腰来，发现了这个矮小的村民。巨人这才发现，原来这里还有村民居住，于是才意识到自己走过村庄时造成的伤害。

想一想：这个故事告诉了我们什么？有人觉得非暴力与日常生活相距甚远，你怎么看？

动动手

请你试着在下列非暴力方块图上写一写，为上述故事中的巨人和村民出谋划策，让他们可以和平共处。

直接非暴力

文化非暴力

非暴力方块

结构非暴力

生态非暴力

2

第二章

冲突化解

冲突是人类社会不能避免的现象，它可能破坏和平，也可能促进和平。冲突由何而来？如何化解冲突？如何修复创伤？如何在对立中寻求共识，在破碎中重建正义？通过学习应对冲突的方法，我们能从身边做起，创建和谐的人际关系。

日常生活中，你遇到过怎样的冲突？
为什么会产生冲突？

冲突的根源

　　冲突时常可见，引发原因很多，如生活环境不同、社会身份差异和利益分配不均等，都会激化矛盾，引发冲突。**冲突的核心是冲突双方需求的矛盾**，当不同需求无法被满足或自我需求受到威胁时，冲突就在所难免。

 阅读链接

人类的基本需求

　　心理学家马斯洛指出，人类的基本需求从低到高可分为五个层次：生理需求（食物、空气等）、安全需求（人身安全、健康保障等）、社交需求（爱、友谊、被他人接受等）、尊重需求（自尊、被尊重）和自我实现需求（发挥潜能、实现理想）。他认为，人的行为动机来自需求。

自我实现需求

尊重需求

社交需求

安全需求

生理需求

小游戏：船员选拔

假如人类在太阳系外发现了一颗新的宜居星球，你作为太空飞船船长，要从下面16位从事不同职业的人中，挑选5位随同前往这颗星球，以建立新的家园。请在下面的框中打"√"选择，并说一说：为什么会选择他们？

☐ 警察　　　☐ 卡车司机　　☐ 工程师　　☐ 药剂师
☐ 运动员　　☐ 厨师　　　　☐ 经济学家　☐ 科学家
☐ 歌手　　　☐ 农民　　　　☐ 木匠　　　☐ 军人
☐ 建筑工人　☐ 护士　　　　☐ 银行职员　☐ 和平学者

人类社会中的冲突形式多种多样。以性质看，冲突表现为经济的、政治的、文化的、宗教的和种族的等形式；以程度看，冲突又表现为辩论、口角、斗殴、杀戮和战争等形式。冲突并非人类特有的行为，动物之间也会发生冲突。

知识窗

黑猩猩的战争

20世纪70年代，坦桑尼亚贡贝溪国家公园，生物学家珍·古道尔观察到一起两个黑猩猩族群间的暴力冲突：来自北方族群的六只黑猩猩袭击并杀害了一只来自南方族群的幼年雄性黑猩猩。接下来的四年里，这些北方族群的黑猩猩竟然消灭了南方族群的所有雄性黑猩猩。而南方族群的雌性黑猩猩也未能幸免，一只被杀，一只失踪，一只被掳掠。北方族群的黑猩猩经此一战，占据了南方族群的领地。

黑猩猩之间的暴力冲突，对珍·古道尔造成了极大的心理冲击。她在回忆录《通过一扇窗：我与贡贝黑猩猩的三十年》中写道："多年来，我一直在挣扎着接受这个新知识。当我在夜里醒来时，恐怖的画面时常在我脑海中突然浮现……"

应对冲突

每天，世界各地都会发生冲突，小到人际冲突，大到社会冲突和国际冲突。

冲突会带来怎样的结果？冲突会带来破坏，给生活造成负面影响；冲突也会转化为机遇，创造新的关系，激励我们前行。结果是消极的还是积极的，取决于应对之策。

虽然冲突的根源很难被彻底消除，但只要我们掌握了应对之策，就能预防冲突演变为暴力。

 **想一想**

如何及时有效地预防冲突演变为暴力？

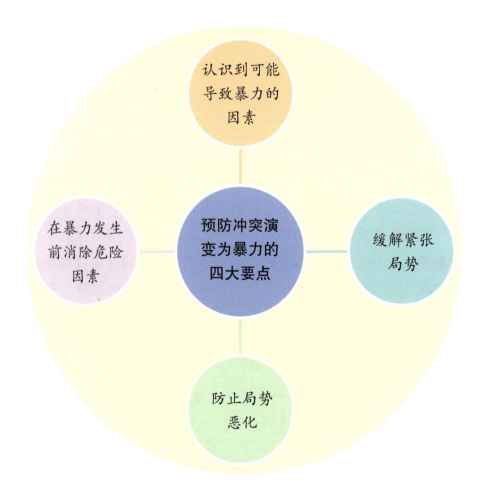

冲突管理是控制和缓解冲突的方法，目的是遏制冲突或达成各方认同的协议，但不能实现冲突的化解。冲突管理要求各方建立分歧管控机制，以避免暴力的产生。

冲突化解的目的是帮助各方重新审视、分析、质疑其立场和观点，消除冲突的根源，共同找到应对方案，以避免暴力的产生。通常，冲突化解需要有仲裁、调解和谈判等第三方干预机制的配合。

 说一说

两头驴的故事

  有两头驴被拴在了一根绳子的两端。东边有一捆鲜草，西边有一捆干草。两头驴口味偏好不同，一头爱吃鲜草，另一头爱吃干草。它们为了吃到自己想吃的草，都拼命地拖拽绳子，结果绳子却越拉越紧，谁也没能吃到草。

  说一说：你有什么办法能让两头驴都心想事成吗？

你经历过什么印象深刻的冲突吗？它对你产生了怎样的影响？

抚慰创伤

如果冲突在所难免并引发了暴力，那么我们该如何面对？我们该如何治愈冲突造成的心理创伤？

创伤是一种可能造成长期心理伤害的情感冲击，往往使人感到无助或难过。创伤和暴力紧密相连，交通事故、自然灾害、校园暴力、家庭变故、战争等都会造成创伤。

并非所有的创伤都是由单次事件引发。遭受持续的身心虐待、长期生活在不安全的环境下，也会造成创伤，如长期生活在武装冲突频发的地区，长期处于极度贫困的状态，等等。

 知识窗

战争创伤

一战期间，作家海明威以美国红十字会志愿者的身份前往意大利，成为一名战地救护车司机。他在给朋友的信中写道："在震耳欲聋的炮火声中，我死了。我的灵魂，就像从口袋边被轻轻抽出的丝绸手帕，离开了身体，四处飘了一会，又落了回来。我又活了过来……"

参战经历令海明威记忆深刻，成为其半自传小说《永别了，武器》的蓝本。

创伤会影响人的生理、情感、认知和行为。创伤性事件发生后，关于创伤的记忆会时常不由自主地浮现在脑海中。"一朝被蛇咬，十年怕井绳"说的就是这个道理。创伤亲历者会极力避免唤醒创伤记忆，但这样又会导致其生活处于封闭、退缩状态。

当创伤性事件影响到众人时，便会形成**集体创伤**。它可能只涉及一小群人，也可能涉及整个人类社会。集体创伤可能是众人直接经历的，也可能是其看到或听到的，如自然灾害、流行病等。集体创伤一旦形成，就可能引发广泛的恐惧、无助或愤怒。

面对创伤，我们该怎么办？

创伤可能会造成持续性的负面影响，需要人及时地进行自我调节。体育锻炼是修复神经系统的常见方法，规律的饮食和睡眠也有利于回归正常的生活状态。安全感是治愈创伤的关键，有助于缓解威胁和恐惧带来的创伤。可以尝试与他人建立积极的关系，从人际交往中获得信任、放松与安全感。如果长期受到创伤记忆困扰，就需要积极寻求心理干预。

 阅读链接 ·····························

创建和平是对创伤历史的最好修复

和平女神雕塑

南京大屠杀对中华民族而言是悲恸的集体创伤。2014年，中国政府将12月13日确定为南京大屠杀死难者国家公祭日。这一天，防空警报响彻南京城，全国人民以各种形式悼念南京大屠杀死难者和所有惨遭日本侵略者杀戮的死难同胞，共同传承那段不容忘却的历史记忆。2015年，《南京大屠杀档案》被联合国教科文组织列入《世界记忆名录》。铭记历史，珍爱和平，创建和平，是对创伤历史的最好修复。

第二节　冲突转化

上次与他人发生冲突时，你是怎么做的？

探究与分享

如何分橘子？

现在，只有1个橘子，这个橘子有11瓣。小明和小华都想要这个橘子，都想分到更多，为此还发生了争执。你有什么好的分橘子方案？与同学们分享一下你的好主意吧！

想一想

你是否同意下列对待冲突的态度：

（1）别人赢，我就会输。

（2）我赢不了，别人也别想赢。

（3）要寻求公平解决矛盾的方案。

什么是冲突转化？

冲突总让人不快，有没有可能让冲突的负面影响尽量降低，转危为机呢？**冲突转化**是以积极的态度看待冲突，以整体的视角应对冲突事件及其背后的人际关系模式，建设性地创造关系模式的变革，实现关系的**积极和平**状态。

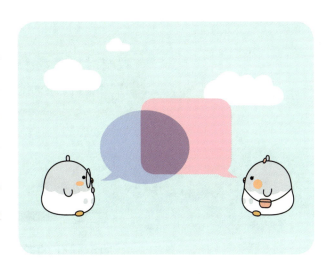

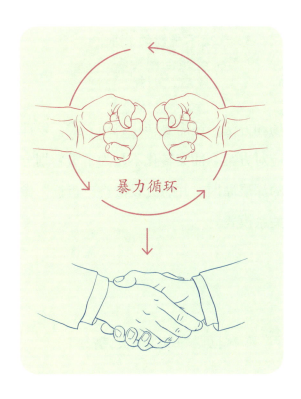

暴力循环

冲突转化的核心是认识到冲突本身并非坏事，它往往是变革的动力。冲突转化的目的是结束敌对和暴力的循环，建立一个更健康、更公平的关系，是一个渐进的、持续性的和复杂的进程，需要各方共同努力。

如何才能实现冲突转化呢？

遇到冲突不要害怕，我们要学会危中寻机，尝试从以下几个方面做出改变，进行冲突转化：

改变对冲突事件的看法和对彼此的态度

改变追求的目标，达成建设性的妥协

改变心态、思想和立场

冲突转化的着力点

改变手段，以非暴力的方式应对冲突

改变不平衡的关系，实现互利共赢

冲突转化，不仅需要转化态度、立场和方法，还需要转化思维方式，发挥创造性思维，发掘新的资源，提出新的应对方案。冲突转化不是为了重新划分"蛋糕"，而是理解双方争夺"蛋糕"的深层原因，并想方设法将"蛋糕"做大。在这个过程中，双方将建立全新的关系模式。

 想一想

在上面小明和小华争夺橘子的案例中，如何把"蛋糕"做大呢？

冲突分析工具

面对复杂的冲突时，可以借助冲突分析工具来加以理解，从而找到冲突转化的有效方法。"洋葱分析图"可以帮助明析冲突各方的立场、利益和需求：外层是冲突各方公开表达的立场；中层是各方最想得到的利益；内层是各方需要满足的基本需求。分析了各方的利益需求后，就容易找到应对冲突的方案。

立场
公开表达的立场

利益
最想得到的利益

需求
需要满足的基本需求

洋葱分析图

 探究与分享

小丽和小杰一起爬山。小丽口干舌燥，急需补充水分。小杰筋疲力尽，想找个阴凉处休息。爬到山顶后，他们发现一棵果树上还有一些果实。小丽急忙说："这棵树归我了！"小杰不服："凭什么？是我先看到的。"于是，双方发生了激烈的争吵。

请你用"洋葱分析图"，参照上页的示例，分析一下小丽与小杰的立场、利益和需求，并说一说：如何化解这一冲突？

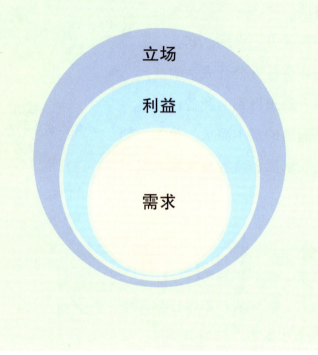

冲突转化实践指南

冲突转化路线图有助于从宏观视角对冲突进行评估，并制订应对方案。路线图由三部分组成：**过去与现在，关系的未来**，以及连接两者的**变革进程**。

首先，分析冲突事件，不仅要厘清冲突的直接原因，还要分析冲突背后的深层原因，例如过去是否发生过类似的冲突。

其次，要明确通过冲突转化想要实现的目标，包括如何解决当前冲突事件、如何恢复关系、如何建立更好的关系模式等。

最后，要从个人、人际、结构和文化层面设计变革方案，帮助我们从当前的关系模式走向理想的关系模式。

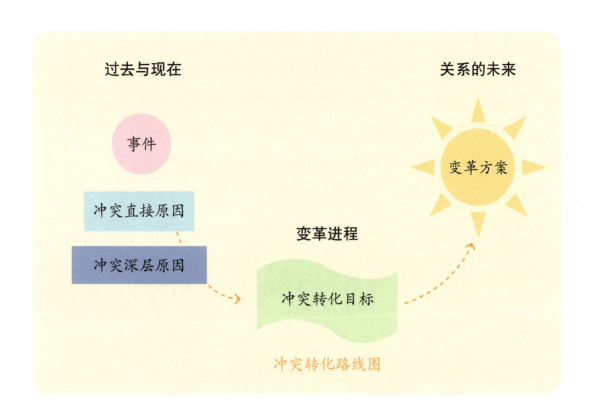

过去与现在

事件

冲突直接原因

冲突深层原因

变革进程

冲突转化目标

关系的未来

变革方案

冲突转化路线图

课堂讨论

以"反思冲突"为主题，全班研讨。小明与小华为什么会因为分橘子这样的小事产生矛盾呢？据同学小红说，小明常给小华起外号，小华很不高兴并多次严肃警告小明，但小明不予理睬，从此两人一直关系不和，常因琐事陷入争吵。在小红看来，这次分橘子事件是两人积蓄已久的深层矛盾的爆发。

（1）使用冲突转化路线图，分析小明与小华争抢橘子引发的冲突，并将其画在右框中。

（2）如果你是小红，你会做些什么来帮助小明和小华呢？

冲突各方也可邀请中立的第三方，即调解者，介入冲突。调解者介入冲突转化的进程，目的是确保协商谈判的秩序与公正。首先，调解者要将冲突各方均视为需要被理解的人。其次，要制定协商的议程和规则。再次，要倾听并引导各方清晰表达意见，归纳各方诉求。最后，冲突各方通过协商提出化解冲突的方案，该方案要公平、客观，制定过程不得向任何一方施压。

　　在班级分享你成功化解冲突的经验，想一想：你使用过上述冲突转化的方法吗？请在下框中写一写。

第三节　和解

和解的四大要素

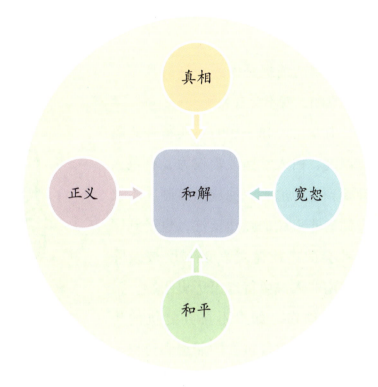

什么是和解？

和解是冲突各方通过共同努力，构建一种充满理解和希望的积极关系，避免过去的伤痛制约现实的发展，创造性地实现冲突转化。

冲突会造成关系破裂，是彼此不信任的集中爆发，而和解就是在冲突各方共同努力下，修复冲突造成的伤害，恢复信任。冲突的结束，不是和平努力的结束，而是和解进程的开始。

冲突各方都必须从自己所在的河岸出发，向中间搭桥，共同构建和解之桥。

揭露真相

和解的前提是揭露冲突的真相，没有真相，就不会有和解。

南非在1948—1991年实行种族隔离制度，白人掌握政治权力，有色人种受到各种迫害。种族隔离制度不仅遭到南非人民的强烈反抗，也受到国际社会的广泛谴责。该制度被废除后，南非人民亟待走出历史阴影，治愈心灵创伤。如果不摒弃复仇的想法，人们会重复过去的罪恶和怨恨，难以开启新的生活，双方关系也很难改善。

1994年，南非成立了"真相与和解委员会"，由南非大主教德斯蒙德·图图担任主席，旨在弄清历史事实的基础上促进全国团结与种族和解。他提出，只有讲出真相，才能得到宽恕。让受害者表达出心中压抑的苦难，陈述真相，从曾经的痛苦中解脱出来，获得心灵创伤的治愈；同时，也让加害者说出真相，只有坦白自己的全部罪行，才有可能免于处罚。

对受害者及其家人而言，了解真相是走向宽恕与和解的前提。只有知道受害者遭遇过什么，加害者犯下了哪些罪行，才有可能去谈论是否宽恕、宽恕谁和如何宽恕。在真相被隐瞒的情况下，受害者及其家人很难既往不咎地向前看。

什么是宽恕?

宽恕是和解进程中的重要因素,是一种克服怨恨的努力。宽恕能让人从痛苦中解脱出来,但这并不意味着放弃对正义的追求,而是追求一种对受害者和加害者都具有修复性的正义。宽恕并不意味着赦免罪行或对暴行熟视无睹,而是将受害者从复仇与怨恨的情绪中释放出来,打破仇恨与暴力的循环。

> 过去发生的罪恶,是一把悬挂在每一代人头顶上的达摩克利斯之剑,宽恕有助于痛苦往事的消解。
>
> ——汉娜·阿伦特

一个人可以在追求正义的同时施行宽恕,可以出于对正义的渴望以及对法律和相关制度的尊重,坚持要求某人为自己的罪行承担法律责任。但是,这种方式与出于报复而寻求对犯罪者进行惩罚是不同的。

加害者无权要求得到受害者的宽恕,受害者对宽恕与否拥有决定权。宽恕是一个人的内心活动,无须与任何其他人交流便可在其内心完成。宽恕能为长期遭受痛苦的人带来一种新的生活方式,有助于治愈曾经的创伤,恢复当下的信任,从而为打破未来的创伤循环铺平道路。

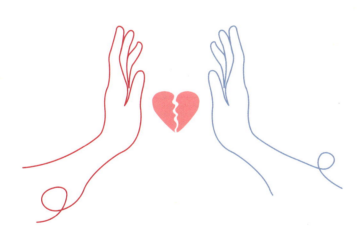

 想一想

在什么情况下,人们愿意宽恕?是否存在不可以宽恕的事?

宽恕绝不代表遗忘，遗忘是对受害者最大的不尊重。塑造对创伤历史的集体记忆，是为了让下一代记住苦难的过往，避免冲突和创伤的再度发生。然而，人们在灾难中失去的永远不会再回来，过度沉湎于创伤会令人积郁于心。为了实现和平，最好的行动方式是正确对待过去，调整自己，展望未来。

宽恕与原谅有什么区别呢？

宽恕分为决策性宽恕与情感性宽恕。**决策性宽恕**是一种行为意向的声明，受害者宣布在未来对加害者采取宽大处理，放下消极情绪和报复性行为。决策性宽恕并不总是奏效，有时受害者虽然做出了宽恕的决定，但在情感上仍对加害者怀有怨恨、敌意、愤怒和恐惧，这些都被称为不宽恕的情绪。**情感性宽恕**是用积极的、面向他人的情绪，如同理心、同情心、怜悯心或对加害者的爱，来取代消极的、不宽恕的情绪。

迈向和解

和解与宽恕不同，它与未来相联，需要冲突中的各方积极参与，共同准备超越过去的分歧，迈向一个新的未来，使原本对立的冲突各方重新走到一起。

> 有了宽恕，就有了未来。
> ——德斯蒙德·图图

比如，国家之间的和解旨在让存在历史恩怨的国家间重建彼此的信任。与依托和平条约的消极和平状态不同，国家之间的和解需要治愈民族的精神创伤，建立面向未来的友好关系。

为了实现和解，我们必须创造一个和平的环境。冲突不断、分裂对立的社会里，不可能培育出和解的种子；即使萌生出和解的幼芽，也将在冲突中被扼杀。因此，促使双方达成停火协议是迈向和解的重要步骤。和平谈判与和平协定的主要目的就是结束当时的暴力冲突状态，只有这样，双方才有可能开始和解的进程。

"仇必和而解"是中华文明的卓越智慧。和解比敌对有更高的回报，这是促使双方在理性上选择和解的动机。和解好比一个空间，一个能够改善人际关系、开始美好生活、让心灵获得重生的空间。人们来到这个空间，可以摆脱过去的阴影，抛弃往昔的恩怨，放下曾经的仇恨，重新开始美好的生活。

 课堂讨论

我们的回忆录

请默念一位与你发生过冲突的人的名字。

在你们相处的过程中，肯定有快乐或痛苦的时刻，请列举几段难忘的回忆，填在下框中。

快乐的回忆	痛苦的回忆

你们之间是快乐的回忆多，还是痛苦的回忆多？你们的关系现在恢复了吗？如果关系恢复了，你们是如何做到的呢？如果关系没恢复，你愿意率先抛出橄榄枝吗？

华沙之跪

1970年12月7日，联邦德国总理勃兰特在波兰华沙犹太隔离区起义纪念碑前的一跪受到全球瞩目。

二战期间，纳粹德国对犹太人进行了种族灭绝行动。二战后，反思历史的思潮在德国社会不断扩大。勃兰特的一跪体现了德国政府愿意接受过去、严肃对待历史罪责的态度，也成为战后德国与东欧诸国和以色列改善关系的重要里程碑。

据陪同者回忆，当天晚上就此事问勃兰特时，他曾回答："我当时突然感到，仅仅献上一个花圈是绝对不够的。"

实现和解的根本路径是对话。经历过暴力蹂躏的冲突社会，必须要鼓励各种社会力量走进广泛对话的框架中。和解的进程不能限定在狭小的群体中进行，对话的参与者应来自社会不同阶层。我们需要在对话中尊重差异，尊重所有人的基本权利，倾听不同的利益需求。对话中，既要探讨冲突的解决方案，更要商议如何重新构建面向未来的关系。

惩罚加害者能缓解受害者的创伤吗？
惩罚能让伤害事件不再重演吗？

什么是修复性正义？

修复性正义通常涉及一种新的身份和健康认知，或者一种新的更健康的关系。许多人认为，这是一种让我们的世界重拾希望和归属感的方式。

冲突发生后，人们会期待获得好的结局，恢复关系甚至构建更和谐的关系。为此，我们需要在冲突发生后通过协商的方式，来补救与修复受损的关系。

与法律代表的正义不同，修复性正义以受害者与加害者的需求为核心，在充分了解冲突给当事双方和社会造成的影响后，双方通过调解修复关系，恢复个人与社会的和平状态，实现和解。

修复性正义认为，调解可为利益相关方带来和平的人际关系，弥补受害者和受害群体的损失，允许加害者正常回归群体生活。

修复性正义提供了一个平台，通过这个平台，让受害者与加害者会面，倾听彼此的声音，回答彼此的问题，体会彼此的感受，并通过满足对方的合理诉求进行补偿。同时，讨论也涉及社会上潜在的结构性不公，以此提高整个社会的正义与美德。

世界上第一个修复性正义案例

1974年，加拿大基切纳市，两个年轻人喝得酩酊大醉后，在街上进行了一系列破坏性犯罪行为。两人因此被判处赔偿、罚款，以及18个月的缓刑。

判刑后，时任缓刑官与志愿者决定帮助两人向前迈进。在获得法院准许后，两人被带到所有受害者面前进行对话。两人诉说了自己的故事，对自己的行为表示忏悔，同时倾听了受害者的发言。

后来，这两个年轻人与绝大多数受害者达成了和解。其中一个名叫凯利，他不仅再未犯罪，还积极参与修复性正义的相关活动，并于2006年出版了《从坏小子到学者》一书。

修复性正义的核心

修复性正义以修复为核心，强调在修复受害者、修复加害者（恢复良善生活）、修复犯罪对社会造成的不良影响的过程中，同步迈向一个更美好的未来。

修复性正义有四大原则：一是关注受害者的伤害和需求；二是强调加害者的义务和责任；三是促进利益相关者的参与；四是使用包容与合作的流程。其中心原则是纠错。

修复性正义与惩罚性正义

修复性正义与惩罚性正义，在对犯罪、违法行为和正义的看法方面有所不同。惩罚性正义聚焦于罪犯得到法律审判，受到应有惩罚；修复性正义着眼于纠正错误，修复伤害，构建和谐社会。

修复性正义和惩罚性正义的不同关注点：

修复性正义
- 谁受到了伤害？
- 他们的需求是什么？
- 这些是谁的义务？

惩罚性正义
- 违反了哪些法律？
- 谁干的？
- 他们应得到什么？

修复性正义	惩罚性正义
犯罪是对人和人际关系的侵犯	犯罪是对法律和国家的侵犯
违法行为产生义务	违法行为造成罪恶
正义涉及的受害者、加害者和社区成员努力修复伤害、纠正错误	正义要求国家确定罪行并施加惩罚
焦点：为了修复伤害，构建和谐	**焦点**：罪犯得到应有惩罚

修复性正义的应用

如何用修复性正义化解校园矛盾？

在学校里，修复性正义可以用来解决暴力、冲突和欺凌等问题。

对欺凌者而言，要意识到自身行为对他人和环境造成的负面影响，意识到给他人带来的痛苦，要对自己的行为负责，赔礼道歉，争取宽容，重塑形象，回归正常的学校生活，恢复与受欺凌者的关系。

对受欺凌者而言，要有表达自己的感受和需要的渠道，获得最佳的方式，使伤害得以修复，被贬低的人格和社会身份重新获得尊重。

对旁观者而言，可以参与到调解过程中，承担起同伴调解与重建集体的责任。

常用的修复性教育实践模式包括修复性会议和修复性同伴调解。

修复性会议是加害者、受害者和相关家人、朋友等共同参加的调解会议。会议通过对话和协商确定此次不当行为的后果、影响与解决方案。会议的目的在于让冲突双方表达感受，提出问题，并对结果提出自己的想法和建议。

修复性同伴调解以同伴作为第三方，来调解同学之间的冲突，修复人际关系。调解人保持中立，帮助冲突双方了解争端的原因，促成冲突双方之间的对话，在相互满足双方利益需求的基础上，达成共赢的解决方案。

十种修复性正义的生活方式

1. 认真对待人际关系。

2. 意识到你的行为对他人和环境的影响。

3. 当你的行为对他人产生负面影响时，你应承认并努力去承担责任和修复伤害。

4. 尊重每一个人。

5. 尽可能地让受决策影响的人参与决策过程。

6. 将生活中的冲突和伤害看作机遇。

7. 富有同情心地倾听他人说话，寻求理解，即使你不同意其观点。

8. 参与到与他人的对话中。

9. 不要将你的"真理"和观点强加于他人。

10. 敏锐捕捉日常生活中的不公正现象。

 动动手

结合自己的生活经历，想一想：日常生活中，修复性正义会产生哪些积极作用？请在下面写一写。

小刚是一名中学生，经常因为不服从班级管理而被老师批评。一天放学后，小刚听到同学说他影响了班级荣誉，拖了班级后腿，于是心中怒火难平，抓起同学的衣领并出言不逊。这一幕恰巧被路过的其他同学看到、拍摄，并发布到网上。第二天，学校里聚集了很多家长，他们要求学校必须严肃处理这样的行为，要对小刚进行严肃惩处。

　　针对上述案例，请以修复性正义为主题，分小组设计剧本，并在下表中完成角色分工，小组成员分别扮演不同角色，并在班级共同表演。

角色	加害者	受害者	利益相关方

　　修复性正义有助于营造积极和谐的校园文化氛围，推动形成良好的师生关系与校园环境。学会修复性正义的方式，有助于提高我们化解冲突的能力。

3

第三章

和平成长

和平的世界需要和平的人。如何成为和平的人？建立积极的自我认知，增强自信与自尊；调节稳定的情绪，避免冲动和暴力；善用共情理解他人，建立信任和友谊；包容差异与多样性，尊重他人的权利和选择，促进合作共赢。实现内心的和平是建设和平的第一步。

第一节　自我认知

常言道："人贵有自知之明。"你觉得自己是一个怎样的人？你喜欢现在的自己吗？

认识自己

心理学上有一种自我认知模式，叫"周哈里窗"。它将人的心比作一扇四格之窗：开放我、盲目我、隐藏我和未知我。通过这扇窗，我们可以形成更加全面的自我认知。

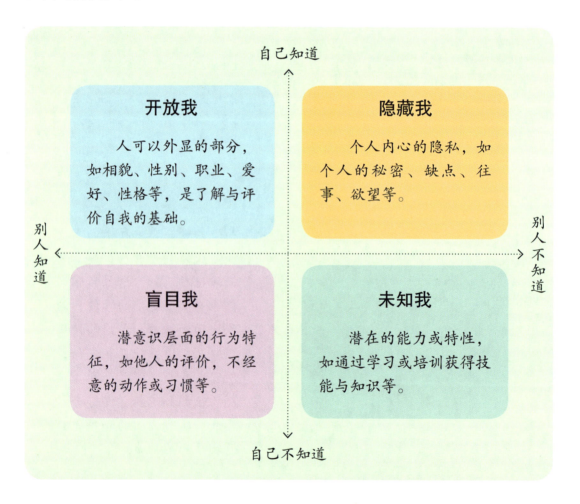

自己知道

开放我

人可以外显的部分，如相貌、性别、职业、爱好、性格等，是了解与评价自我的基础。

隐藏我

个人内心的隐私，如个人的秘密、缺点、往事、欲望等。

别人知道

别人不知道

盲目我

潜意识层面的行为特征，如他人的评价，不经意的动作或习惯等。

未知我

潜在的能力或特性，如通过学习或培训获得技能与知识等。

自己不知道

以"我的周哈里窗"为主题，分小组讨论与分享，既认识自我，也了解他人，增进相互理解，营造友好氛围。

> 知人者智，自知者明。
> 胜人者有力，自胜者强。
>
> ——老子《道德经》

自我概念

青春期的你，可能会时常自问"我是谁"，并在思考中逐渐形成自我概念。自我概念是人根据自身经验和对环境的认知而形成的自我意识与评价，知道自己是谁，对自己的生理状态、心理状态、人际关系与社会角色等有所认知。人通过实践活动，不仅可以认识客观事物，还可以认识自己，认识自己与客观世界的关系。

自我主要有以下五个层面：

物质自我	主要是对自己身体的认知
心理自我	如何看待自己的心理世界
社会自我	自己扮演的社会角色
理想自我	期待自己成为怎样的人
反思自我	如何评价他人及社会对自己的看法

人对自我的认知并非一成不变，而是在变化中不断发展、逐渐形成。中学生在自我认知的发展与形成过程中，主要受生理、家庭、学校和社会等因素的影响。

 说一说

小红最近情绪低落，看着班级里的其他同学都很优秀，觉得自己哪方面都不如别人，做什么事情都提不起兴趣。你有过这样的烦恼吗？后来解决了吗？又是怎么解决的呢？

自我认同

自我认同是一个人对自我价值感的肯定，是对"我是谁"、"我将来如何发展"、"我如何适应社会"等问题的积极反馈。当自己的言行得到他人的肯定与欣赏时，就能进一步提升自信，增强自我认同感。如果没有正向反馈，人就会对自己产生怀疑，进而可能会产生自卑等负面情绪。

缺乏反馈 → 自我怀疑 → 自卑

表达自我 → 获得肯定 → 自信

良好的自我认同，能帮助人理性看待自己，应对人生的各种挑战。只有建立了比较充分的自我认同感，才能有效建立自信与自尊，而这些是一个人获得幸福与成功的重要心理基础。

随着自我认同的发展，你会逐渐减少对成人的依赖，行为举止表现出更加主动和独立的特点，关注自我价值与理想，建立自尊。自尊是人对自己的感受，是对自我价值的肯定，认为自己有价值，因而喜欢与接纳自己。它的形成与社会文化有关，受到性别、家庭、日常经历等多种因素影响。

 动动手 . . . .

你想成为怎样的自己？要实现这些目标，你应该做出哪些努力？请把它们写在下面的"心愿便利贴"上吧！

心愿便利贴

我想成为

- _____
- _____
- _____
- _____
- _____

的自己

我应该做到

- _____
- _____
- _____
- _____
- _____

皮格马利翁效应

在古希腊神话中，皮格马利翁是一位雕塑家。他雕刻了一位美丽的少女，取名盖拉蒂。他每天都赞美盖拉蒂，期望自己的爱能被接受，但盖拉蒂依旧只是一座雕像。绝望的他只好向阿佛洛狄忒女神求助，女神被他的真诚打动，决定帮他完成心愿。皮格马利翁回家后，发现雕像"活了"，盖拉蒂最终成了他的妻子。

这虽然是一个神话故事，但由美国著名心理学家罗森塔尔和雅格布森在小学教学上得到验证，受到老师肯定、获得更高期待的孩子表现出更强的适应力、求知欲和自信心等倾向。可见，人们会不自觉地接受他人的影响和暗示。这就是"皮格马利翁效应"：期望和赞美能产生奇迹。

自我效能

自我效能是人对自己是否有能力完成某一行为的自信程度，是对未来状态的主观判断，与人对自我能力的评估和对自我表现的信心紧密相关。它是一种认为自己能够通过采取必要行动达到预期目标的信念，即认为自己能够通过努力取得成功。

自我效能较强的特征	自我效能较弱的特征
不畏惧困难的任务，将其视为挑战；专注于任务；将失败归因于不够努力；面对困难时，会更加努力；面对应激和沮丧时，挫折感不强；面对失败时，自我效能恢复得很快。	畏惧困难的任务；不能专注于任务，反复考虑个人的不足与不利的结果；将失败归因于能力不足；面对困难时很快放弃，不再努力；面对应激和沮丧时，挫折感强；面对失败时，自我效能恢复得很慢。

只有正确认识自己并坚定信念，我们才能更好地面对成长中的困难与挫折，克服焦虑，建立自信，从而实现自己的人生理想。

自我效能对人的潜能发挥至关重要，并伴随人的一生。自我效能的强弱会对人的学习、生活产生差异化影响。乐观的自我效能倾向，会促进人的积极行为。当得到他人的鼓励与支持时，人会逐渐建立起"我能行"的信念，在面对挑战时能更加勇敢和自信。

 知识窗

如何提升自我效能感？

1. 努力学习，设定目标，创造机会。
2. 树立榜样，仔细观察，尝试模仿。
3. 自我赞赏，自我鼓励，自我说服。
4. 生活自律，积极乐观，身心健康。

 课堂讨论

以"赞美的力量"为主题，全班进行研讨。先分小组讨论，小组成员轮流说一说"你认为赞美有哪些力量"、"你有没有被别人赞美过"以及"被赞美的感受是怎样的"。再集体总结，每组派代表汇报小组的讨论成果，并进行全班交流；同时学会赞美他人，营造积极氛围，提升全班学生的自我效能感。

第二节　情绪调控

你觉得自己是一个乐观的人吗？
你的生活是否经常被情绪影响？

　　情绪是人们内心的主观感受，往往伴随着表情、姿态、语音等外部表现。

 动动手

我的面孔

　　闭上眼睛，放松心情，想一想：在日常生活中，你会经常呈现哪些面孔？下图中的情绪表情，你在哪些时候有过？画一画你最常有的情绪表情。

我的面孔

认识情绪

　　情绪是一种社会生活中常见的心理活动，如爱与恨，喜与悲，期待与失望，羡慕与嫉妒等，调节着社会交往与人际关系。

　　情绪与语言一样，都是常见的信息沟通方式。情绪可以通过外显形式，如面部表情、声调变化、身姿变化等，传递语言所不能直接表达的细微信息，增进相互了解。

　　情绪是人类共通的心理活动，具有感染力。父母回家后看到孩子天真的笑容，可以扫去一天工作的疲倦；老师的认可与鼓励，会给学生带去一天的激动与兴奋。良好的情绪氛围，不仅能促使人积极面对困难，也会让周围的人心情舒畅。

情绪的分类

　　人有哪些情绪呢？古人认为，人有七情：喜、怒、哀、惧、爱、恶、欲。心理学家则将情绪分为快乐、痛苦、愤怒和恐惧四种基本情绪。

　　何谓人情？喜、怒、哀、惧、爱、恶、欲，七者弗学而能。

　　　　　　　　——《礼记·礼运》

正向情绪：快乐

快乐不仅来自生理的满足，更来自社会生活的满足。快乐在和谐的、相互宽容的人际关系中产生，而良好的社会交往又能增进人的快乐感，这种情绪能感染他人和社会。快乐的情绪是人与人之间建立良好关系的催化剂，笑容有利于激发他人的积极反应。快乐也是一种动力，能激发人的才智，唤起人的热情，激励人变得更加自信。

消极情绪：痛苦

痛苦是一种消极情绪，往往在人处于不良状态时发生。生活中，痛苦是不可避免的，其原因多种多样，包括生理、心理和社会等多方面因素，如受伤、分离、失败等。虽然痛苦不可避免，但我们可以通过共情和互助，使他人的痛苦得到一定的缓解。

负面情绪：愤怒

愤怒是一种常见的负面情绪，是一种内心不快的反应，经常来源于不良的人际关系，如遭遇侮辱、挑衅、欺骗、挫折、干扰或强迫等行为。愤怒既不利于人的身心健康，也容易引发人的攻击行为。

危险情绪：恐惧

恐惧是一种因担心某些特定事物、特殊环境或人际交往等而产生的强烈的紧张情绪。在面对威胁或危险时，恐惧会引发退缩或逃避行为。造成恐惧的因素很多，如突发灾害、失业、危险等。

每一种情绪的产生都有原因，让我们积极拥抱它们，但不要让情绪一直影响日常生活，甚至伤害他人。

 动动手

情绪天气预报

在下图中写一写：你在什么情况下会产生这些情绪？思考这些情绪会怎样影响你的行为。

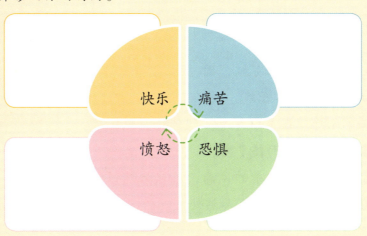

无论是哪种情绪，都需要进行调控。情绪调节有利于维持健康的心理状态。

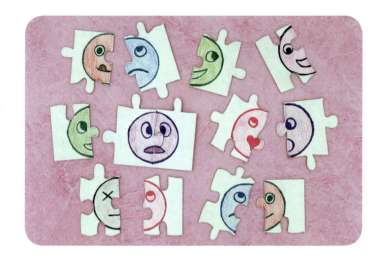

日常生活中，消极负面的情绪在所难免，但我们可以通过一些不妨碍他人的方式，适当地释放情绪，例如，通过写作来抒发自己对某件事的情绪和想法，反复思考，形成新的看法和态度；转移自己的注意力，寻找能够将消极情绪转化为积极情绪的方式，如运动、听音乐等；化悲愤为力量，重新审视自己的目标，并制订相应的计划，保持初心，为理想而努力奋斗；将心比心，学会换位思考，体会他人的想法和情绪；等等。

 知识窗

苏轼的乐观心态

北宋文学家、诗人苏轼，因"乌台诗案"被贬到黄州，却依然乐观。他在诗作《定风波·莫听穿林打叶声》中写道："竹杖芒鞋轻胜马，谁怕？一蓑烟雨任平生。"

面对生活中突如其来的风雨，苏轼依然保持积极的心态，镇定自若，泰然处之。

每个人都有自己的情绪调节方式，我们需要找到对自己最有效的方式。当感到自己难以控制与调节情绪时，要及时向父母、老师乃至专业人士寻求帮助。

 **动动手**

在你开心的时候，你最喜欢做什么？在你难过的时候，你又是如何调节情绪的？很多人会通过涂鸦来抒发自己的情感，调节自己的情绪。你最近的心情如何？试着用画笔在下面的画板上描绘一下。

第三节 善用共情

你有没有过这样的经历：看到别人快乐，你也会开心；看到别人痛苦，你也会难过？

探究与分享

看到这些图片时，你有什么感受？你能否感受到与他们一样的情绪？

什么是共情？

共情，又称同理心，是一个人运用理解力和想象力，设身处地感受他人情感的能力。共情可以触发善意、关怀与信任等积极情感，帮助我们建立良好的人际关系，培养合作精神，激发和平行为。

共情的表现

共情有两种表现形态：一是，**情绪感染**，即被他人情绪影响，同时分享他人情绪。例如，当你看到他人欢笑时，你也会感到愉悦。二是，**换位思考**，即站在他人的角度思考问题，理解他人的感受和情绪。例如，当我们阅读小说时，通过作者的文字描写，我们可以理解书中人物的处境和情绪。

🪟 知识窗 ·································

看到他人打哈欠，你可能也会想打哈欠，仿佛打哈欠会"传染"，这正是共情在起作用，是一种情绪感染现象。

共情与同情有很大的不同。同情是作为旁观者对他人经历的评价，无须代入情感。共情是对他人情绪的理解与分享，成为他人情绪的共同承受者，在倾听的基础上与他人建立心灵的连接，给人被理解、被陪伴的感受。

请与你的伙伴一起，表演以下情境：

好朋友的小狗死了，他（她）非常伤心，你会说什么来安慰他（她）呢？

思考一下：你的回应表达的是同情，还是共情？

如果你的回应是"这太不幸了"、"不要太伤心"、"节哀顺变"，这些话语是在表达同情。共情的表达方法是，认真倾听朋友的倾诉，告诉对方："我能感到你此刻很伤心。"

同情和共情都能传达关爱，但共情更具支持力，对于伤痛中的人来说，陪伴更有温度和力量。

如何共情？

共情需经历以下四个过程：

感知 ▶ 倾听 ▶ 理解 ▶ 行动

第一步，感知他人的情绪。通过表情、肢体动作和语言语气等，识别他人的情绪，避免做出与他人情绪不符的反应。

第二步，倾听他人的观点。进行适当的目光交流，也可通过点头或使用"嗯"给予积极的回应，避免提出问题或反驳他人观点。

第三步，理解他人的感受。接纳他人的情绪，将他人的感受用你的语言表达出来。但理解和接纳并不意味着你要舍弃自己的价值观来认可他人的情绪。

第四步，激发自己的行动。通过拥抱、轻拍他人来表达关心与安慰，与他人分享你的情绪体验，对需要帮助的人伸出援手。

🔍 探究与分享

在校园里，观察老师和同学们的表情、肢体动作和语言语气等，感受他们的情绪。想一想：他们此刻心情如何？为什么会有这样的情绪表达？在下表中填一填，并与同学们分享。

观察对象	情绪	情绪表达的原因

共情的作用

共情有益于我们的身心健康与人际关系的和谐，营造充满爱的美好社会氛围。

共情有益心理健康。共情可以帮助我们更好地认识自己，当你能够敏锐捕捉他人情绪时，你也一定能深刻洞察自身情绪，发掘真实的自己，善待自己，有效地管理情绪。

共情增进和谐关系。缺乏共情会导致凡事以自我为中心，难以理解他人，容易对他人或其他群体产生偏见、歧视甚至仇恨。共情能促进尊重与善意，更易与他人建立信任关系。更重要的是，当你能理解痛苦的感受时，你也不愿对他人做出伤害。

共情有利于化解冲突。化解冲突的过程需要共情的力量，共情可以帮助我们设身处地理解对方，发掘对方隐藏的需求，从而寻求化解冲突的方案。

共情激发利他行为。当我们看到别人身处不幸时，我们会难过，本能地想伸出援手。利他是一种有益于他人的自觉自愿的行为，能让社会充满关爱。当人们都能扶危济困，守望相助，同甘共苦，世界定会更加美好。

 资料链接

欣赏以下诗歌与歌曲，感受其中的情感力量。

石壕吏

［唐］杜甫

暮投石壕村，有吏夜捉人。
老翁逾墙走，老妇出门看。
吏呼一何怒！妇啼一何苦。
……
夜久语声绝，如闻泣幽咽。
天明登前途，独与老翁别。

生死不离

（2008年汶川地震抗震救灾主题曲）

作曲：舒楠
作词：王平久
演唱：成龙、孙楠、谭晶

天下一家
（We Are the World）

作曲：迈克尔·杰克逊、
　　　莱昂纳尔·里奇
作词：迈克尔·杰克逊

共情是一种温情的力量，让人们更团结，让世界更和谐。

 阅读链接

《拉贝日记》

1937年南京沦陷前夕，留驻南京的外国人共同发起建立了南京安全区，庇护来不及撤离的中国难民。时任德国西门子公司南京办事处负责人的约翰·拉贝，被推举为南京安全区国际委员会主席。他在日记中表达了对难民处境的深切共情，写下了帮助难民的强烈意愿：

拉贝故居，南京大屠杀期间，这里曾是南京安全区内的一处难民收容所，这个小院落最多时庇护了630人

今天，善待我30年之久的东道国遭遇了严重的困难，富人们逃走了，穷人们不得不留下来，他们不知道该到哪里去，他们没有钱逃走，他们不是正面临着被集体屠杀的危险吗？我们难道不应该设法帮助他们吗？至少能救多少是多少吧！假如这些都是我们自己的同胞呢？

——《拉贝日记》（记于1937年9月21日）

 课堂讨论

你知道南京安全区吗？假设你是1937年留守南京的外国人，你会做出和他们一样的举动吗？结合上述《拉贝日记》摘录，谈一谈你对共情的理解。再想一想：身边有什么类似的例子能说明共情的力量？

你在生活中遭遇过不平等吗？
当你不被尊重时，你有什么感受？

在和平社会里，人人平等、相互尊重。平等与尊重是建立良好人际关系的前提，也是构建开放、包容社会的必要条件。平等与尊重的价值观，能帮助我们正确看待差异、包容多元，对我们自身的发展具有深远意义。

什么是平等？

平等不意味着消除差异，追求同质化；也不意味着无视客观现实，一味追求绝对平等。我们真正需要的，是一种差异化的平等。差异化的平等既不是"平均"，也不是"相等"，而是在承认差异的前

人人相亲，人人平等，
天下为公，是谓大同。

——康有为

提下，在精神上互相理解、互相尊重，在行为上不偏不倚、一视同仁，在法律上确保人人享有权利并履行义务，给予每个人追求理想生活的机会。

不平等现象

在成长过程中，我们会遇到各种各样的不平等现象，而刻板印象、偏见与歧视是导致这些现象的重要原因。刻板印象容易引发偏见和歧视。例如，我们

常会有女生喜欢粉色、男生喜欢蓝色的刻板印象，从而对喜欢粉色的男生产生鄙夷和偏见，甚至歧视、孤立和欺负他。

什么是刻板印象？

刻板印象是人们对某个人或事物形成的比较固定、概括而笼统的看法。它广泛存在于日常生活中，但我们对此往往没有清晰的认知。比如，我们会对不同国家的人产生刻板印象，认为英国人保守、美国人开朗、德国人严谨等；我们也会对从事不同职业的人产生刻板印象，认为公务员沉闷无趣、程序员爱穿格子衬衫、教师耐心温柔等。

这些印象就像标签，让我们忽视了群体中个体的独特性。它们虽然能帮助我们迅速地认识世界、了解他人，但往往不够全面和准确，甚至可能因此产生偏见和歧视。

什么是偏见？

刻板印象的负面效应发酵到一定程度，就会形成偏见。偏见是针对一个群体或群体中的个体持负面态度，进而采取敌对行为的倾向，会导致语言侮辱、身体攻击、极端暴力、孤立和歧视等消极的行为。

> 偏见是一种没有明显依据的易变的观点。
>
> ——安布罗斯·比尔斯

偏见产生的原因

偏见是怎样产生的？对此，社会学家和心理学家从多个角度给出了答案。

1. 社会地位的差异

社会地位的差异可能导致偏见。既得利益者为了巩固自己的地位，不断将经济和社会特权合理化，以便维护自己的利益。

2. 习得的价值观

我们习得的价值观可能导致偏见。比如，家庭教育对儿童的偏见形成有很大影响，儿童的偏见往往反映的是父母的偏见。各地文化中也会包含历史累积下的种种偏见，它们也塑造着我们的价值观。

3. 社会制度

社会制度可能导致偏见。例如，种族隔离是社会制度（学校、政府、媒体）助长偏见的一种形式。社会制度既能反映各种盛行的态度，又能强化这些态度。

 想一想

你觉得下列生活情景中是否存在刻板印象和偏见？

这不是一个女孩子该做的事情。

出租车司机都喜欢和乘客聊天。

你一个男生怎么还哭哭啼啼？

男生都爱打游戏。

女生都爱逛街。

说一说：你还遇到过哪些刻板印象和偏见？

> 刻板印象和偏见并不是天然存在的，它们是人为的产物。那么，如何破除它们呢？

破除刻板印象

我们需要意识到刻板印象的存在。生活中的刻板印象随处可见，识别出它们并有意识地去避免那些先入为主的固有观念，是应对刻板印象负面效应的第一步。

1

破除

2

我们坚决不做刻板印象的加害者。刻板印象是对丰富多彩的人性的压迫，当我们用单一的标准去评判别人时，我们自身也会受到这些标准的束缚。不做刻板印象的加害者就是要尊重每一个独特的个体，让每个人的个性都能得到充分的发展。

3

我们要保持自信，理性思考，与时俱进，学会从不同的角度看待问题，丰富自己的精神世界。

什么是歧视？

歧视是一种带有傲慢、偏见甚至是蔑视对待他人价值与权利的负面行为，反映了一种狭隘的、偏执的世界观。对他人的歧视或者优越感是一种追求自身价值感或存在感的心理。一个人越缺乏自尊、内在精神缺失越严重，对价值感或存在感的追求就越强烈，越会寻找机会歧视别人，以此突显自己的优越性。

"人人生而自由，在尊严和权利上一律平等。"这是《世界人权宣言》开篇的名句，奠定了国际人权法的基础。然而歧视现象具有隐蔽性、腐蚀性和顽固性。种族清洗、种族灭绝以及基于歧视性意识形态的种种政策仍在导致暴力、恐惧、流放和死亡。

联合国的目标中有一点是"重申基本人权，人格尊严与价值，以及男女与大小各国平等权利之信念"。如果遭遇歧视，我们要敢于回应，保护自己。在校园里看到歧视现象时，我们可以进行善意的提醒与劝阻。当我们走向社会，也要勇敢地对偏见和歧视说"不"，维护自己的权益。和谐平等的社会环境，需要人人担起责任，共同创造。

 知识窗

种族歧视

二战期间，纳粹对犹太人的迫害不断升级：从驱逐到集中营再到集体屠杀，欧洲约有600万犹太人惨遭迫害，其中包括约100万儿童。自中世纪起，宗教对抗和文化歧视就使反犹主义盛行于欧洲，最终以一种极端暴力——种族灭绝的形式赤裸裸地呈现在世人眼前，令人发指。

奥斯维辛集中营

促进平等与尊重

促进平等与尊重，需要我们共同营造包容的文化氛围。

包容是对不同文化、思想和行为方式的尊重、接纳和欣赏，对个人、群体、国家和世界都非常重要。包容能促进不同群体的和谐共存，反之会带来仇恨与分裂。在生活中，我们要尊重差异，理解个性，平等相处，共同促进包容的文化氛围。

包容是什么？它是人性的特质。我们所有人都有缺点，都会犯错，让我们互相原谅彼此的愚蠢，这是自然的第一法则。

——伏尔泰

非正义、暴力、歧视和社会边缘化都是不包容的主要形式。刻板印象、偏见、轻蔑、指责、辱骂和歧视等都是不包容的表现，广泛存在于我们的日常生活中。每个人都应扪心自问：我是否宽以待人？我是否对他人持有刻板印象？我是否排斥那些与我不同的人？我是否将自己的问题归咎于他人？

与不包容现象作斗争，更需要国家立法。各国政府有责任加强人权法律建设，确保人人都可向法律寻求帮助，避免人们自行通过暴力解决争端。

联合国前秘书长科菲·安南说，包容是"使和平成为可能的美德"。包容是一种心态、一种意识、一种要求：认识到文化多样性是财富，而非分裂因素；感受到每一种文化尽管存在差异，却都有某种普遍性。

阅读链接

春蕾计划

　　中国的贫困地区尚有少数文盲存在，其中女性文盲约占文盲总数的2/3以上。失学儿童中，女童约占2/3。1989年，中国儿童少年基金会发起"春蕾计划"。这是一项旨在改善贫困家庭的女童受教育状况的公益项目，围绕女童教育、女童安全、女童健康等开展了多种形式的关爱帮扶工作，助力了一大批"春蕾女童"求学圆梦、成长成才。截至2019年，该项目累计筹集社会爱心捐款21亿元，捐赠人数达2784万人次，在全国资助的"春蕾女童"超369万人次。"春蕾计划"被评为我国三大社会公益活动之一，被写入《中国的儿童状况》白皮书。

课堂讨论

　　以"消除偏见，尊重他人"为主题，全班研讨。分小组讨论，小组成员轮流说一说自己看过或听过的偏见现象，共同研讨消除偏见的方法，营造平等与尊重、包容与宽容的文化氛围。

4

第四章

认识世界

生活在一个日益紧密联结的多元化世界，我们面临各种各样的全球性挑战和机遇。我们将直面全球发展现状，讨论环境问题，追问如何促进公平与合作、如何保护清洁美丽的地球家园；我们将欣赏精彩纷呈的多元文化，培养跨文化意识；我们还将走进联合国，了解其历史和使命。

第一节 全球发展

　　和平的世界应该是一个物质生活富足、人与人平等相待、人与自然和谐相处的世界。当基本的饮食、住房、医疗、教育需求无法得到保障时，人们便会惶恐焦虑，很难获得幸福感与实现内心平和。这些社会问题，必须通过发展来解决。

　　发展的实质与目的，是不断满足人们日益增长的物质文化生活需要。发展包括经济发展与社会发展。经济发展包括增加物质财富，提高人民生活水平。社会发展包括增强基本福利保障，创造人人平等的发展机遇，让每个人都能发挥自己的潜能。

> 与你的父母交流，了解他们儿时的生活环境与今天的有什么不同。

　　现代化与经济全球化进程极大地促进了人类生活水平的提高。伴随着经济社会的快速发展，一系列挑战也相继而来，例如，全球不均衡发展的南北问题，贫困、饥饿与疾病问题，人口增长过快、人口老龄化、过度城市化、资源耗竭、环境破坏和全球变暖等问题。

人口老龄化

全球不均衡发展

当前世界各地区与各国之间的发展并不均衡，存在较大差距。南北问题是全球不均衡发展的显著表现，是发展中国家与发达国家之间发展不均衡的问题。由于历史和现实原因，发展中国家与发达国家之间存在着国际分工体系不公平、经济依附等问题，两类国家之间的贫富分化日益严重，造成全球发展失衡。

 知识窗

南北问题

"南方国家"，在历史上多为欧洲殖民主义者的殖民地；"北方国家"，早期通过掠夺殖民地的自然资源或劳动力，将经济资源输送到母国，为工业革命、资本主义发展积累了物质基础。二战后，亚非拉民族独立运动高涨，许多亚非拉国家先后取得独立。然而，由于技术、人才、资金等方面的不足，这些国家在独立后长期面临内外冲突的威胁和环境退化的后果，在经济上依旧沦为发达国家的附庸，仍然是发达国家的原料产地、商品市场和投资场所，在生产、贸易和货币金融领域遭受不平等待遇。

经济全球化给发达国家和发展中国家带来了两种不同结果，发达国家通过贸易、生产、人才、资本、技术、跨国企业等手段获得利益，而发展中国家却难以在上述方面与之竞争，形成当下全球性的不平等分配结构。只要这一结构得不到调整，全球均衡发展便无法实现，南北发展差距将持续扩大，从而不利于维系南方国家乃至全球范围内的和平稳定。南北问题是当今世界迫切需要应对的一种结构暴力现象。

贫困、人口与城市问题

贫困是一个全球现象。2020年，全球仍有约7亿人生活在极端贫困中，其中约有70%的人生活在南亚和撒哈拉以南的非洲，他们每天的生活费约为13元人民币，仍在为满足最基本的生活需求（如保健、教育、水和卫生设施等）而努力。这个问题同样影响发达国家，在世界上最富裕的国家中，仍有几千万儿童家境贫寒。应对贫困的具体措施可以包括：创造生产性就业和工作机会，制定扶贫政策，改善贫困人口的卫生状况等。

贫困的原因包括失业、社会排斥等，当一些脆弱的群体面对灾害、疾病等使他们无法从事生产的状况时，也会陷入贫困。贫困地区往往居住条件恶劣、公共设施不健全、医疗保健缺乏、教育质量落后，而这些又往往使贫困一代代延续下去，陷入恶性循环。

人口增长是人类成就的标志，这意味着人们活得更长、更健康。然而，不同的国家人口增长状况差异较大。相对不发达的国家，生育率较高，人口过度增长，影响着整个国家的经济发展、社会安定和人民生活水平的提高。高收入国家和一些发展中国家，生育率较低，人口增长缓慢或停滞，导致老龄人口比重上升，逐渐进入**老龄化社会**。

与此同时，大量人口从乡村涌入城市。当城市人口的增长速度超过了城市的建设速度时，城市就难以为新增人口提供必要的就业机会和生

活条件，从而导致一系列严重的"**城市病**"，如大量失业、贫富差距悬殊、住房紧张、社会治安恶化、环境污染严重等。

 阅读链接

每个人都值得拥有品质生活

在非洲的布基纳法索，有一座名叫甘多的小村庄。那里的人，曾常年生活在贫困中，受教育程度普遍不高。不过，一位诞生于此的建筑设计师弗朗西斯·凯雷，却通过建筑的力量改变了这里的面貌。

凯雷记得上小学时，教室里拥挤、闷热，采光也不好。当时，他就立志将来要改造教室。从德国柏林工业大学建筑学专业毕业后，他设计与建造了许多教育建筑。他认为，教育是推动社会、经济和环境可持续发展的重要方式，希望能为孩子们创建更好的学习环境。2001年，凯雷为故乡设计与建造了甘多小学。他就地取材，与当地居民共同完成了这一建筑。2008年，甘多小学得以扩建。如今，甘多及其周边地区的孩子都能完成小学教育，许多人还继续接受中学教育、职业培训和高等教育等，他们获得的知识和技能已对社区发展产生了显著影响。

凯雷认为，"每个人都值得拥有品质生活"。2022年，凯雷获得建筑界的国际最高奖项——普利兹克奖，成为该奖历史上第一位获此殊荣的非洲建筑师。

甘多小学

可持续发展

发展与环境问题关系到人类的生存与前途，为了让后代能够享受充足的资源和良好的自然环境，人类必须要实现可持续发展。可持续发展意味着，既满足当代人的需求，又不对后代人满足其自身需求构成障碍。

2015年9月25日，联合国可持续发展峰会召开，联合国193个成员国在峰会上正式通过17个可持续发展目标。该目标旨在从2015年到2030年间，通过综合的方式彻底解决社会、经济和环境三个维度的发展问题，推动世界发展模式总体转向可持续发展道路。

可持续发展〇目标

17个可持续发展目标是实现所有人更美好未来的蓝图，提出了全人类所面临的全球性挑战，涉及贫困、饥饿、疾病、教育、性别、卫生、基础设施、环境、机构建设与国际合作等多方面。这些目标相互关联，意味着发展政策必须与一系列战略齐头并进。

 知识窗

2030年可持续发展目标的具体要求

1. **无贫穷**：在全世界消除一切形式的贫困。

2. **零饥饿**：消除饥饿，实现粮食安全，改善营养状况和促进可持续农业。

3. **良好健康与福祉**：确保健康的生活方式，促进各年龄段人群的福祉。

4. **优质教育**：确保包容和公平的优质教育，让全民终身享有学习机会。

5. **性别平等**：实现性别平等，增强所有妇女和女童的权能。

6. **清洁饮水和卫生设施**：为所有人提供水和环境卫生并对其进行可持续管理。

7. **经济适用的清洁能源**：确保人人获得负担得起的、可靠和可持续的现代能源。

8. **体面工作和经济增长**：促进持久、包容和可持续经济增长，促进充分的生产性就业和人人获得体面工作。

9. **产业、创新和基础设施**：基础设施投资对实现可持续发展至关重要。

10. **减少不平等**：减少国家内部和国家之间的不平等。

11. **可持续城市和社区**：建设包容、安全、有抵御灾害能力与可持续的城市和人类住区。

12. **负责任消费和生产**：产业、创新和基础设施。

13. **气候行动**：气候变化是跨越国界的全球性挑战。

14. **水下生物**：保护水下生物。

15. **陆地生物**：可持续管理森林，防治荒漠化，制止和扭转土地退化，遏制生物多样性的丧失。

16. **和平、正义与强大机构**：让所有人都能诉诸司法，在各级建立有效、负责和包容的机构。

17. **促进目标实现的伙伴关系**：重振可持续发展全球伙伴关系。

动动手

17个可持续发展目标涵盖了三大主题，请在下图中将剩下的目标归类，注意那些同时属于两个或三个大类的目标要填在色块重叠处。

可持续发展目标是个系统工程，不同目标关联紧密，一个目标的实现可能依赖于另一个目标的实现。例如，要实现目标1"无贫穷"就必须要同时推进目标4"优质教育"。你还能找出哪些相关联的目标呢？

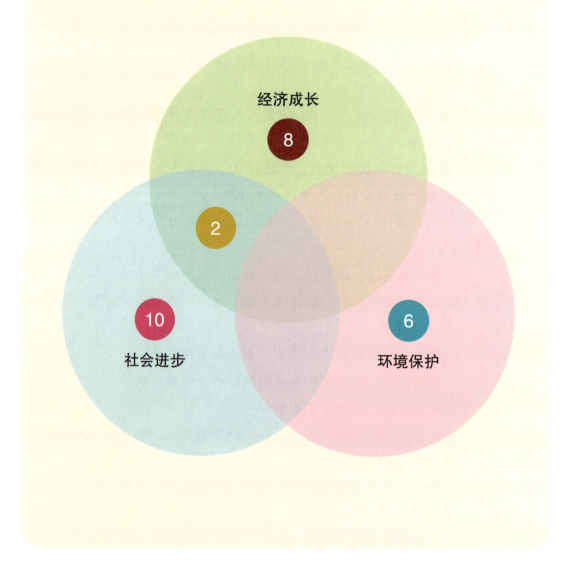

第二节 环境问题

环境是指影响人类生存和发展的各种天然的和经过人工改造的自然因素的综合，包括大气、水、海洋、土地、矿藏、森林、草原、野生生物、自然遗迹、人文遗迹、自然保护区、风景名胜区、城市和乡村等。这些构成了人类赖以生存和活动的环境，也为人类提供了生产、消费所需要

的自然资源。人和环境相依相存、和合共生是积极和平的重要内涵。然而，人类正面临严峻的全球性环境危机，到了必须采取行动的紧迫时刻。

 探究与分享

请描述你游览过的一处绝美的自然景观及当时你内心的感受。

环境危机

工业文明在给人类带来空前繁荣的同时，也加剧了环境恶化的问题，造成了全球性的环境危机，如气候变化、生物多样性破坏及各种环境污染问题，这对人类的生存构成了巨大威胁。

> 大自然是人类赖以生存发展的基本条件。尊重自然、顺应自然、保护自然，是全面建设社会主义现代化国家的内在要求。
>
> ——党的二十大报告

气候变化是指温度和天气模式的长期变化，自然因素和人为因素都有可能带来气候变化。引起气候变化的温室气体有二氧化碳、甲烷、一氧化碳等，这些气体主要来自煤炭、石油和天然气等化石燃料的燃烧。

由于冰川融化而无处落脚的北极熊

自19世纪以来，人类活动排放出超量的二氧化碳，打破了自然平衡，温室效应不断增强，造成全球变暖。气象记录显示，如今地球的气温比19世纪末升高了1.1℃。全球变暖的情况仍在持续加剧，按照目前的升温趋势，到21世纪末，全球气温预计将升高2.7℃，引发极端干旱、缺水、火灾等后果，也会导致两极冰盖融化、海平面上升，风暴、洪水灾害增多，这些变化都会破坏生物多样性。

生物多样性破坏的最直接后果就是物种灭绝。研究表明，人类的过度开发行为破坏了生态系统的稳定。生态系统的不稳定将导致全球不断失去吸收并存储二氧化碳的能力，这无疑将会加快全球变暖。

海滩上的垃圾

环境污染已经让人类付出了代价。环境污染每年导致约900万人过早死亡，空气污染和水污染是其重要原因。塑料等不可降解的工业产品也对自然造成了严重的化学污染，并导致海洋生物因吞食或缠绑而死去。

气候变化、生物多样性破坏、环境污染具有相互关联性，必须共同解决这些环境问题，才能实现可持续发展。

 阅读链接

地球是人类赖以生存的唯一家园

仰观宇宙之大，我们生活在地球这个渺小的生命港湾是何其幸运！离太阳系最近的恒星是比邻星，距离地球4.22光年，其周围极可能存在宜居行星。然而，即便是比邻星，它离地球也非常遥远。按照人类目前最快的航天器"新视野"号的峰值速度计算，从地球飞到比邻星也要大约1.4万年！

尽管人类已经通过天文观测在银河系内发现了众多可能与地球环境类似、能够支持生命存在的类地行星，但就人类目前的技术水平而言，实在是遥不可及。地球，目前仍是人类和万物生灵赖以生存的唯一家园，我们必须保护好这颗美丽的蓝色星球。

环保行动

环境问题事关人类生存，正因认识到环境恶化的严重后果，环境保护逐渐成为各国以及国际政治中的重要议程。1972年6月5日至16日，联合国人类环境会议在瑞典斯德哥尔摩召开，这是人类历史上首个关于环境议题的重大会议。该会议旨在就"如何保护和改善人类环境、应对相关挑战"达成一个基本的共同展望。会议通过了全球性保护环境的《人类环境宣言》和《行动计划》，号召各国政府与人民为保护和改善环境而奋斗。

 知识窗

世界环境日

1972年12月15日，联合国大会通过决议，将每年的6月5日设立为"世界环境日"。此外，大会当天还通过了另一项决议，创建了解决环境问题的专门机构——联合国环境规划署。环境规划署成立以来，通过世界环境日庆祝活动不断增强公众的环保意识，提醒人们注意保护环境和改善环境的重要性，鼓励人们采取行动应对迫在眉睫的环境问题，敦促环境政策在国家和国际层面的完善。现在，越来越多的有关世界环境保护的会议、峰会、论坛发展成为全球性的交流平台，以促进国际协作与伙伴关系建立。

中国政府始终重视环境保护。1979年通过的《环境保护法（试行）》和《森林法（试行）》是中国环境立法的第一座里程碑。1994年，国务院通过《中国21世纪议程》，提出了中国的可持续发展目标，自此，可持续发展正式成为中国的发展战略。2018年，"生态文明"被写入《中华人民共和国宪法》，显示出中国高度重视生态文明建设、坚持绿色发展理念、加大生态环境保护力度的决心。

 说一说

查找资料，了解某一个国家在环境保护方面的政策法规，说一说：我们能为环境保护做出什么力所能及的贡献？

 阅读链接

联合国生物多样性大会

2021年10月11日至24日，联合国生物多样性大会在云南昆明举办。此次大会确定了2020年后全球生物多样性框架，制定了2021—2030年全球生物多样性目标，展望了2050年全球生物多样性愿景。

会议发布了"昆明宣言"，宣言主题为"迈向生态文明，共建地球生命共同体"，呼吁各方采取行动，响应共建地球生命共同体号召，遏制生物多样性丧失，增进人类福祉，实现可持续发展。

环境与发展

环境问题与发展问题息息相关。环境退化与贫困往往在同一条因果链上。贫困地区生产力水平低下，农业基础落后，工业基础薄弱，常常利用自然资源以谋求发展，一些不可持续的资源开发，例如毁林开荒、围湖造田，会给环境造成不可修复的后果。生态破坏造成的水土流失、土地荒漠化、土壤盐碱化等问题，又会使得该地陷入资源贫瘠的困境。当资源消耗殆尽，该地就会陷入贫困的恶性循环。此外，环境灾难也会恶化贫困群体的生活境况。

可见，生态环境是人类生存与发展的基本条件，发展绝不能以环境破坏为代价，解决环境问题是实现可持续发展的必然要求。

如何兼顾经济发展与环境保护？

2005年，时任浙江省委书记习近平在考察浙江安吉县余村时，首次提出"绿水青山就是金山银山"的重要理念，阐明了发展经济和保护生态之间的辩证关系。

这一发展理念的创新性在于，不再孤立地看待经济发展和环境保护之间的关系，指出了一种兼顾经济与生态、开发与保护的发展新路径，揭示了良好的生态环境既是自然财富，也是经济财富。

 阅读链接 ....

和合共生，与自然和平相处

南京和平论坛由南京市政府与联合国教科文组织等共同举办，旨在搭建对话平台，促进知识传播与文化交流，让青年充分参与到和平建设与实现可持续发展目标的进程中。

2020年首届论坛的主题为"构建全面、多元与持久的和平愿景"，深入分析建设持久和平的关键因素。2021年第二届论坛的主题为"和合共生：与自然和平相处"，在阐述和平理念之余，更聚焦于当今人类社会面临的紧迫环境问题，重新思考人与自然的关系，并呼吁青年环境倡导者在应对气候变化和生物多样性丧失等问题时展现思想力、行动力和创造力。与此同时，本届论坛还在伊斯兰堡、中亚、非洲、拉丁美洲和加勒比等区域举办了平行论坛，关注气候变化与和平、生物多样性与和平、文化遗产与和平等方面，共同探讨通往积极与可持续和平建设的道路。

第三节　跨文化理解

　　尝试理解他人，是构建和谐人际关系的第一步，在此基础上，尊重文化多样性、宽容、对话及合作，能帮助我们收获珍贵的友谊。不同文化群体间友善的态度是国际和平与安全的重要保障。

> 你知道哪些其他国家的文化？
> 为什么会有文化差异？

文化多样性

　　当前，全世界共有200多个国家和地区，2500多个民族。不同地方，不同民族，存在着各不相同、丰富多彩的文化。**文化多样性**是交流、变革和创新的源泉，是人类文明不可或缺的一部分。

　　文化是一种习得的行为，每种文化的产生都离不开特定的自然和社会条件。不同的气候、地理、人口和植被等都会形成不同的文化。比如，自幼生活在黄土高坡的人和生活在江南水乡的人，在性格与气质上可能会有所不同。此外，社会因素本身也是影响文化差异的重要方面，包括语言、信仰等。

文化的统一性

不同文化虽有差异，但也存在许多共通之处，这就是人类文化的统一性。比如，虽然不同文化有着各自的丧葬习俗，但是人类在面对"死亡"时，几乎都有相同的文化心理：敬畏死亡、尊重死者。

人类文化之所以有趋同之处，是因为所有的文化都具有一些共同的基础。悲伤时，我们都会痛哭流涕；梦想成真时，我们都会开怀大笑……即便身处不同的文化中，我们也有相互沟通、融合、包容的基础。

如今，人类文化越来越表现出整体性和相似性，趋向整合与统一。现代化所带来的平等、公正、尊重等价值理念，逐渐成为人类共享价值观的基础，而经济全球化和媒介技术的进步加速了这一过程。

经济全球化浪潮重塑了我们的生活方式，促进了资本和商品的全球流通。我们的衣食住行所需的商品，不仅来自本土，也来自海外。中国的商品也走出

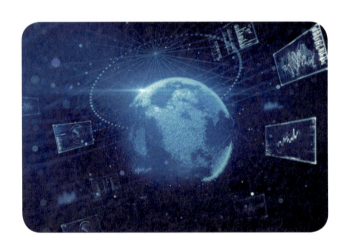

了国门，在国际市场上发挥了重要作用。媒介技术的进步让人们更容易接受现代化的价值观。信息传递的便利性使得人们与外界乃至整个世界的联系更为紧密，文化之间的交流更为频繁，从而促进了多种文明的互鉴与人类文化的融合发展。

今天，不同国家的人能吃到同样的美食，用着同样的电子设备和应用程序，看着同样的电影；即便来自世界各地，人们也有很多共同话题。

文明互鉴 和而不同

人类文明之所以生机勃勃，根本动力是不同文明之间的交流互鉴。文明没有高下、优劣之分，只有特色、地域之别。我们应当学会尊重并欣赏不同的文化，尊重自己、尊重他人和尊重地球上的所有生命，实现"各美其美，美人之美，美美与共，天下大同"。

> 文明因交流而多彩，
> 文明因互鉴而丰富。
>
> ——习近平

珍视自身文化的民族才有可能尊重他人的文化，"各美其美"告诉我们要尊重、保护、传承好自己的民族文化，大力发展中国式现代化，在此基础上"美人之美"，学会欣赏他人文化中独特的价值。所有闪亮的文化汇聚在一起，才能组成人类文明光辉夺目的璀璨星空。彼此装点，共同闪耀，美美与共，这才是真正的大同之美。

 阅读链接

东西方文明的早期互鉴

东西方文明在自身发展的过程中广泛吸收了彼此文明的成就，推动了各自社会的发展。

大约5000年前，发源于古代西亚地区的小麦就经中亚传入我国西北地区，随后经黄河流域传播到中原地区，并逐渐取代了粟和黍，成为中国北方旱作农业的主要农作物。粟和黍大约在10000年前最早驯化于中国北方地区，在约5000年前经河西走廊、中亚、西伯利亚、阿拉伯、小亚细亚一路西传进入欧洲，成为部分地区重要的食物来源。

成熟的粟

古人云"和羹之美，在于合异"，意思是羹汤之所以美味在于调和了不同的滋味。音乐也一样，不同的音符组合，创造了和谐动听的旋律。人类文明的交流互鉴同样彰显了这一道理：通过调和不同文化，协和万邦，进而在世界范围内建立多元一体、和而不同的文化关系格局，才能共同走向和谐的未来。

"和而不同"出自《论语》"君子和而不同，小人同而不和"，意思是真正的团结不是盲目认同，也不是随意附和，而是尊重差异，鼓励不同意见的沟通对话，从而实现互相理解，求同存异，和睦相处。"和实生物，同则不继"，意思是实现了和谐，则万物可生长发育；如果完全相同一致，则无法发展、继续。

"和而不同"不仅对人际交往有着参考价值，也对处理民族关系、国际关系或文化关系有借鉴意义。"和而不同"的前提是承认"不同"的普遍性，认识到族群之间的不同是世界常态，这一属性无法消除。"和而不同"的关键是将不同的个体、群体团结为一个命运与共、彼此尊重、平等相待、相互认同的整体。

> 我反复申说这四个字（"和而不同"），包含着我个人对百年来社会学、人类学在认识世界方面诸多努力的一个总结，也隐含着我对人文重建工作基本精神的主张，更饱含着我对人文世界未来趋向的基本盼望和梦想。
>
> ——费孝通

"和"的由来

　　"和"字据考证最早出现在战国时期，与"龢"是异体字，字音相同，意义相通，字形不同。"龢"最早出现在商代，其甲骨文字形为 。"龢"是形声字，左半部的"龠"（yuè）是一种用竹管编成的乐器；右半部的"禾"表声，表示这种乐器吹奏时发出的"禾禾"乐音。"龢"字本义为吹奏"龠"发出协调之音，后引申为调和。随着时间的推移，"龢"字被简化为"和"。

小篆书写的"和"与"龢"

跨文化沟通

　　当今时代，我们会遇到来自不同文化背景的人，需要与他们建立联系；我们也可能身处异域文化之中，需要努力适应与融合。跨文化交流有时很浪漫，有时也可能会碰擦出矛盾的火花，因此，我们需要掌握一些应对技巧。

　　当我们初次接触到另一种文化模式时，由于生活习惯、语言和文化风俗等方面的差异，我们很可能会面临精神和心理上的冲击，这就是**文化冲击**。

文化冲击一般会经历以下四个阶段：

 1 蜜月期。这一时期，两种文化的差异让我们感到很新奇，我们会主动尝试各类新鲜事物，也热衷于和当地人交流。

 2 过渡期。约三个月后，我们会愈发感到差异带来的焦虑，开始怀念在家乡的生活，甚至厌恶新的环境。

 3 调整期。大约又过了半年到一年，我们主动调适，日渐习惯新生活，并开始逐渐接受新的文化观念。

 4 适应融入期。此时，我们已基本克服了语言障碍，有了稳定的交际圈，能用当地的思维方式生活，真正融入该文化之中。

　　在与来自异域文化的人沟通时，我们可能会感到彼此之间在沟通风格上有所差异。有的文化喜欢直白坦率的表达，有的文化习惯使用婉转隐晦的语言。这就是高低语境文化的差别。中国文化是一个典型的高语境沟通文化，人们的表达间接含蓄，倾向于通过"弦外之音"传递真意，留给对方解读。低语境沟通文化中，人们希望彼此把话讲明。高语境的沟通方式可能会让低语境沟通文化的人感到困惑，而低语境的沟通方式也可能会让高语境沟通文化的人感到失礼与尴尬。因此，在与异域文化的人对话时，我们需要把握对方的沟通风格，在换位思考的基础上，酌情适应与调整。

 你在与异域文化的人沟通时是否遭遇过尴尬的情景？你是怎么应对的？

第四节　走进联合国

1945年6月，二战接近尾声，饱受战争摧残的世界人民热切渴望和平。为了防止世界大战的再次发生，50个国家的代表及诸多非政府机构齐聚美国旧金山，起草并签署了《联合国宪章》。1945年10月24日，一个全新的国际组织——联合国正式宣告成立。

联合国是世界上最具普遍性、代表性和权威性的政府间国际组织，现有193个会员国。联合国根据《联合国宪章》中的目标和原则开展工作，致力于世界和平与社会进步。世界各国可以在此汇聚一堂，共同讨论问题，共同寻找造福全人类的解决方案。

联合国总部位于美国纽约曼哈顿岛东河河畔，这块国际领土不隶属于任何一个国家，汇集了全球几乎所有国家的代表和工作人员。

联合国总部大楼

 知识窗

联合国徽章与旗帜

联合国徽章由一幅以北极点为中心的世界地图和两条橄榄枝组成，将联合国徽章置于浅蓝色底旗的正中就构成了联合国旗帜。徽章和旗帜的主色被称为"联合国蓝"，象征着和平。

回忆一下：你在哪些地方见到过联合国徽章或旗帜？联合国和我们的生活有着怎样的联系？

联合国大会大厅

瑞士日内瓦联合国万国宫大楼

联合国维和部队蓝帽

联合国的工作与成就

根据《联合国宪章》，联合国的宗旨包括：维护国际和平与安全；发展国际间的友好关系；促进国际经济、社会及文化等方面的合作；为了达成上述目的，让联合国成为协调各国行动的中心。

联合国有五个仍在运作的主要机关：联合国大会、安全理事会、经济及社会理事会、国际法院和秘书处。

联合国大会（简称联大）	是联合国的主要审议、监督和审查机关，由全体会员国的代表组成。
联合国安全理事会（简称安理会）	是联合国的权力与决策核心，由五个常任理事国和十个非常任理事国组成。
经济及社会理事会	是推进经济、社会和环境可持续发展的核心机构。
国际法院	是联合国的主要司法机关，职责是依照国际法解决各国向其递交的法律争端。
秘书处	为联合国其他主要机关服务，秘书处的首长是秘书长。

习近平2015年在联大第70届会议一般性辩论上发表的讲话

"大道之行也，天下为公。"和平、发展、公平、正义、民主、自由，是全人类的共同价值，也是联合国的崇高目标。目标远未完成，我们仍须努力。当今世界，各国相互依存、休戚与共。我们要继承和弘扬《联合国宪章》的宗旨和原则，构建以合作共赢为核心的新型国际关系，打造人类命运共同体。

70多年来，联合国为全球和平与发展事业做出了卓越的贡献。迄今共有100多万名维和士兵参与了70多次维和行动，帮助所在国克服艰难险阻，从冲突走向和平。

联合国致力于帮助脆弱地区进行发展。迄今已为88个国家9700万人提供粮食和援助；为9730万逃离战争、饥荒和迫害的人提供援助和保护；为世界50%的儿童提供疫苗，每年帮助拯救约300万人的生命。

联合国长期致力于促进可持续发展。截至2015年，联合国千年发展目标帮助全球10亿多人摆脱了极端贫困，饥饿人数开始减少。联合国还呼吁全世界共同行动，促进可持续发展，协调兼顾经济增长、社会包容和环境保护。

我们面临着巨大挑战。我们可以通过全球团结与合作克服这些挑战。这就是联合国的全部意义所在。

——联合国秘书长
安东尼奥·古特雷斯

我联合国人民同兹决心，欲免后世再遭今代人类两度身历惨不堪言之战祸，重申基本人权，人格尊严与价值，以及男女与大小各国平等权利之信念，创造适当环境，俾克维持正义，尊重由条约与国际法其他渊源而起之义务，久而弗懈，促成大自由中之社会进步及较善之民生。……

——摘自《联合国宪章》序言

联合国已经成为国际安全与和平的坚定维护者、普遍性国际规则的权威制定者、全球治理体系的有力支撑者、多边主义的积极倡导者。这些成就彰显了联合国的核心理念：健康地球上的和平、尊严与平等。

如果有机会给联合国秘书长写一封信，你会写些什么呢？

 探究与分享

查找资料，选取一个你感兴趣的联合国专门机构进行了解，并与同学们分享。

 知识窗

联合国教育、科学及文化组织

联合国教育、科学及文化组织（简称联合国教科文组织，英文缩写为UNESCO）是联合国的一个专门机构。它致力于推动各国在教育、科学和文化领域开展国际合作，以此共筑和平。该组织诞生于1945年11月，它秉持的信念是：持久和平必须建立在国家间的政治和经济联系之上，其根基必须深植于相互理解、平等、尊重的理念，以及人类智慧与道德的团结。为此，该组织积极发展教育手段，消除仇恨、倡导包容；也通过弘扬文化遗产、倡导文化平等加强各国之间的联系；还通过促进科学计划与政策，以此作为发展与合作的平台。

联合国教科文组织提出的教育四大支柱，这些能力是教育的目标，也是终身学习者的必备素养

联合国教科文组织总部大楼前的石碑

中国与联合国

中国是联合国创始国之一，是第一个在《联合国宪章》上签字的国家，也是联合国安理会五大常任理事国之一。中国高举多边主义的旗帜，积极参与全球治理体系改革和建设，坚定维护以联合国为核心的国际体系，坚定维护以国际法为基础的国际秩序，坚定维护以世贸组织为核心的多边贸易体制，坚决反对单边主义、保护主义和霸凌行径。

中国始终是联合国事务的积极参与者。30多年来，中国共参与了29项维和行动，累计派出5万多人次，是联合国安理会常任理事国中出兵最多的国家。

中国积极参与全球发展合作，在力所能及范围内承担更多国际责任。70多年来，中国向全球近170个国家和国际组织提供4000多亿元人民币援助，派遣60多万援助人员，为国际减贫事业和各国共同发展做出巨大贡献。

中国把落实联合国2030年可持续发展议程作为重点任务，积极应对全球气候变化，为构建全球气候治理体系框架奠定重要基础。

中国在联合国中发挥着什么作用？

阅读链接

联合国里的中国声音

1971年10月25日，联合国大会第26届会议通过2758号决议，恢复中华人民共和国在联合国的合法权利。同年11月15日，中国代表团团长、时任外交部副部长乔冠华出席联大会议并首次发言：

"今天，我们中华人民共和国代表团来到这里，出席联合国大会第26届会议，同大家一道参加联合国的工作，感到高兴……我们希望《联合国宪章》的精神能够得到真正的贯彻，我们将同一切爱好和平、主持正义的国家和人民站在一起，为维护各国的民族独立和国家主权，为维护国际和平、促进人类进步事业而共同努力。"

课堂讨论

在全班召开一次模拟联合国气候变化大会，讨论如何限制温室气体排放、如何帮助最不发达国家有效应对气候变化等议题。

活动流程：

1. 每位同学担任一国"代表"。

2. 查找资料，了解该国在该议题上的立场。

3. 每位"代表"起草一份"决议"草案，阐明各自立场。

4. 召开"大会"，在"大会主席"的主持下就该议题展开陈述、辩论、质疑。

5. 尝试说服其他"代表""你的决议对所有人都有好处"，通过谈判寻求更多"代表"的支持。

6. 辩论结束后，班级投票选出"优秀代表"。

后记

联合国大会于1999年通过的《和平文化宣言和行动纲领》指出，"所有各级的教育是建立和平文化的主要手段之一"。希望通过本书，同学们能理解和平的丰富内涵，掌握化解冲突的技能，积极地认识自我与他人，关心人类面临的全球性挑战。

感谢江苏省特级教师陈红老师和南京市鼓楼区历史教研员金波老师，正是她们对和平教育的认同，特别是在中学开设和平教育课程的承诺与实践，坚定了我们出版这本书的决心。南京市宁海中学教师乔羽、南京市第二十九中学初中部教师罗雨萌为本书初稿的编写提供了建议，南京市第二十九中学初中部教师成惠和学生为本书人物图片的拍摄提供了帮助。南京大学不同院系的十多位同学为资料搜集和内容设计做出了贡献，他们是：杜梦雅、何欣妍、贾慧馨、姜惠欣、李戈扬、李慧、李靖怡、彭韵筑、孙语程、许思琪、杨理雅、郑与时。本书得到了联合国教科文组织驻华代表处、南京大学国际合作与交流处和南京师范大学出版社的大力支持。

本书编写分工如下：

【第一章】第一节：岳润、郑海燕；第二节：黄牧宇；第三节：集体编写；第四节：管艺婷、郑海燕；

【第二章】第一节：于丹波、王杨清雅；第二节：黄牧宇；第三节：岳润；第四节：王杨清雅；

【第三章】第一节：于丹波、王杨清雅；第二节：于丹波、王杨清雅；第三节：黄牧宇；第四节：岳润；

【第四章】第一节：管艺婷；第二节：管艺婷；第三节：岳润；第四节：黄牧宇。

我对全书进行了架构、修改与指导。黄牧宇和郑海燕协助统稿、修改与编排。

本书是我们的一次全新尝试，欢迎读者提出宝贵意见。我们希望，这本书能够走进课堂，成为学生的必读书。我们更希望，本书可以修改完善为学校教材，普及和平教育，为和平社会培养"和平的人"。

刘 成

2023年6月于南京